Studien und Berichte der Arbeitsstelle Fernstudienforschung
der Carl von Ossietzky Universität Oldenburg

Band 3

Hans Friesen, Karsten Berr, Kevin Gerdes,
Andreas Lenk, Günther Sanders

Philosophische Dimensionen des Problems der Virtualität in einer globalen Mediengesellschaft

Beschreibung eines Forschungsprojektes

mit einem Vorwort von Wilhelm Büttemeyer

bis

Bibliotheks- und Informationssystem der Universität Oldenburg
2001

**Studien und Berichte der Arbeitsstelle Fernstudienforschung
der Carl von Ossietzky Universität Oldenburg**

Herausgeber:

Ulrich Bernath, Diplom-Ökonom
Prof. Dr. Friedrich W. Busch
Prof. Dr. Detlef Garz
Prof. Dr. Wolf-Dieter Scholz

Verlag/Druck Vertrieb:	Bibliotheks- und Informationssystem der Carl von Ossietzky Universität Oldenburg (BIS) – Verlag – Tel.: + 049 441 798-2261 Telefax: + 049 441 798-4040 e-mail: verlag@uni-oldenburg.de

ISBN 3-8142-0763-7

Inhalt

Vorwort		5
1	Die Dialektik von Kommunikation und Medien	9
2	Die Ausdifferenzierung einer Phänomenologie und Ontologie der Medien	15
3	Die Ontologie der Ablösung	19
4	Die Phänomenologie der Verschiebung	27
5	Problematik des phänomenologischen Glaubens	35
6	Ansätze einer integralen Theorie	43
7	Künstliche Intelligenz und reflektierendes Denken	51
Literaturverzeichnis		57

Vorwort

Das Forschungsprojekt über die philosophischen Dimensionen des Begriffs der „Virtualität", das in diesem Band vorgestellt wird, ist von den Mentoren und Studierenden des Faches Philosophie am Fernstudienzentrum der Universität Oldenburg entworfen worden. Die Forschungsgruppe unter der Leitung von Dr. Hans Friesen hat sich im Januar 1999 konstituiert und seither an der notwendigen wissenschaftlichen Vorbereitung des genannten Forschungsprojekts gearbeitet.

In diesem Forschungsprojekt wird versucht, zwei pointierte Positionen konstruktiv gegenüberzustellen, die in einem scheinbar unauflösbaren Widerspruch zueinander stehen: auf der einen Seite eine „Phänomenologie der Verschiebung", auf der anderen Seite eine „Ontologie der Ablösung".

Die wissenschaftliche Auseinandersetzung mit diesen beiden Positionen und der Versuch, eine Position gegenüber dieser Konstellation einzunehmen, die neue Erkenntnisse verspricht, gehen entscheidend vom alten philosophischen „Leib-Seele-Problem" aus, das implizit in allen Erörterungen der Thematik enthalten ist.

Die „Phänomenologie der Verschiebung" geht aus von der Möglichkeit, Raum und Zeit, sinnliche Wahrnehmungs- und logische Vorstellungswelten „innerhalb" der „einen" realen Welt zu verschieben. Eine Ablösung des Geistes vom Körper wird jedoch für unmöglich gehalten, weil die Affekte, die Gefühle und das Denken unlöslich an den Körper gebunden sind. Ebenso wird die Möglichkeit der ontologischen Selbständigkeit oder Unabhängigkeit der virtuellen Realität bestritten.

Die „Ontologie der Ablösung" behauptet genau diese Möglichkeit der Ablösung des Geistes vom Körper sowie die ontologische Selbständigkeit der virtuellen Realität. Gehen die Verschiebungstheoretiker davon aus, daß es eine Vielheit verschiedener Perspektiven auf die eine Realität innerhalb der Welt gibt, so behaupten die Ablösungstheoretiker, daß sich sowohl der Körper als auch der Geist völlig immaterialisieren lassen, wenn der Leib und das kognitive System durch elektronische Äquivalente ersetzt werden. Das läuft letztlich auf eine ontologische Ablösung der Virtualität von der Realität hinaus.

Die Forschungsgruppe versucht in methodischer Hinsicht, sich von den üblichen Weisen der Erkenntnisgewinnung abzusetzen und einen anderen Weg der Forschung einzuschlagen. Sie verwendet dabei die Methode eines spezifischen, disziplinierten Sprechens über ausgewählte Texte oder Themen.

Wie muß man sich diese Art des wissenschaftlichen Arbeitens konkret vorstellen? Es geht in der praktischen Arbeit der Gruppe darum, vom Gespräch ausgehend zum wissenschaftlichen Text zu kommen. Diese Methode sei hier einmal schematisch dargestellt:

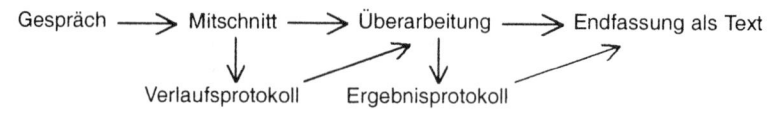

```
Gespräch ——> Mitschnitt ——> Überarbeitung ——> Endfassung als Text
            ↓           ↗              ↓              ↗
      Verlaufsprotokoll      Ergebnisprotokoll
```

Deshalb haben die auf diese Weise produzierten Texte keinen Autor im traditionellen Sinne mehr. Bei den wissenschaftlichen Gesprächen wird der erörterte Text als eine relative Autorität aufgefaßt. Diese Auffassung soll verhindern helfen, daß das Gespräch von der jeweiligen Perspektive ablenkt, unter der der Text rekonstruiert werden soll. Eine solche Forschungsarbeit ist deshalb nur als Gruppenarbeit zu leisten, weil hierbei davon ausgegangen wird, daß unter Wissenschaft die allmähliche Verfertigung der Gedanken beim methodischen Sprechen über das zur Diskussion stehende Thema zu verstehen ist.

Weil die hier vorgestellte Forschungsgruppe als historischen Zeugen ihrer Arbeitsweise aber nicht immer Heinrich von Kleists Satz über die allmähliche Verfertigung der Gedanken beim Sprechen zitieren will, legen die Mitglieder großen Wert darauf, daß als klassischer Verfechter des mündlichen Denkens auch Platon genannt wird. Nach Ansicht der Mitglieder der Gruppe sind es insgesamt drei Argumente, die Platon zur Verteidigung des mündlichen Denkens vorbringt: Erstens behauptet er, es sei unmenschlich zu schreiben, weil man dann so tut, als könne man außerhalb des Denkens etwas etablieren, was in Wahrheit nur innerhalb des Denkprozesses seinen Platz hat. Der schriftliche Text ist für Platon nur ein gemachtes, also minderwertiges Ding. Zweitens ist er der Meinung, daß die Schrift das Gedächtnis zerstört. Man werde vergeßlich, wenn man sich nur auf Äußerliches verlasse, wie auf den Text, anstatt sich auf die inneren Kräfte des eigenständigen Denkens und Sprechens zu besinnen. Drittens behauptet Platon, daß man einen geschriebenen Text grundsätzlich nicht befragen kann. Wenn man in einem Gespräch den Gesprächspartner bittet, sein Argument zu erläutern, dann muß er das auch tun. Befindet man sich jedoch in einem schriftlichen Diskurs, kann man diesen nicht in der Hoffnung befragen, wirklich eine Antwort zu bekommen. Solches Fragen kann nur über einen weiteren Diskurs laufen, in dem die Lebendigkeit des unmittelbaren Gesprächs nicht mehr gegeben ist.

Eine Schwäche dieser Argumentation besteht darin, daß Platon uns seine mündlich-dialogisch produzierten Gedanken in schriftlicher Form hinterlassen hat. Die Mitglieder der Forschungsgruppe sind sich aber darüber im klaren, daß in einer Schriftkultur die gedanklichen Produkte philosophischer Gespräche nicht ihrerseits allen Experten mündlich weitervermittelt werden können. Die Aufwertung und wissenschaftliche Nutzung der Oralität betrifft deshalb ausschließlich die Gedankenproduktion im Forschungsprozeß, nicht aber die Präsentation der Gedanken in einem wissenschaftlichen Schriftdiskurs. Es geht darum, schriftlich fixierte Gedanken (Texte) im Forschungsprozeß mündlich-dialogisch zu verhandeln und nicht schon auf dieser Ebene monologisch-schriftlich verfaßte Textbausteine auszutauschen. Diesen an Schriftlichkeit gebundenen Zwischenschritt gilt es durch einen Dialog in der Forschungsgruppe zu ersetzen. Echtes Philosophieren findet ihrer Meinung nach nur im lebendigen mündlichen Diskurs statt, d. h. wenn die am Gespräch teilnehmenden Philosophen nicht bereits schriftlich vorbereitet sind mit fertigen Texten, die sie sich dann nur noch gegenseitig vorlesen. In einem lebendigen Gespräch ist man jederzeit gezwungen, offen zu sein für eine Infragestellung seiner Argumente. Man kann sich nicht lange darauf vorbereiten, die eigenen Argumente zu erläutern, sondern muß unmittelbar reagieren und in einem lebendigen Vollzug eine Begründung dieser Argumente hervorbringen. Alles andere ist schon Präparierung des Denkens.

In der bewußten Orientierung an solchen Vorstellungen versucht die hier vorgestellte Forschungsgruppe, auf der Basis eines allen Mitgliedern bekannten Textes, der nur als Ideen- und Materiallieferant dient, neue Ideen im lebendigen Gespräch zu entwickeln und diese in einem neuen Text weiteren Gesprächen zur kritischen Überprüfung anzubieten.

Wichtig ist in diesem Zusammenhang auch zu erwähnen, daß die Forschungsgruppe in ihrer Arbeit den jeweiligen Text in der Weise rekonstruiert und befragt, daß sie immer von einem zuvor bestimmten Leitgedanken ausgeht. Es geht nicht darum, einfach nur eine Rekonstruktion eines Textes zu liefern oder den Text von seinen eigenen Voraussetzungen her zu verstehen. Ein solches Vorgehen kennen wir beispielsweise von der Arbeit der Gelehrten im Mittelalter, die versuchten, den Text, meistens einen biblischen Text, genau zu verstehen und auf keinen Fall irgendeine weitergehende oder fremde Perspektive in die Interpretation des Textes einfließen zu lassen.

Schließlich könnte man auch systemtheoretisch zum Ausdruck bringen, was sich die Mitglieder der Forschungsgruppe von ihrer Methode versprechen. Sicherlich ist diese als ein ganz bestimmter Reflexionsmodus zu betrachten, den die Gruppe in ihren wissenschaftlichen Gesprächen praktiziert. Denn sie nimmt ja zuerst das gesprochene Wort auf Tonband auf, um dann später die eigenen Äußerungen noch einmal nachvollziehen zu können und eine kritische Reflexion in Gang zu setzen. Man könnte dieses Vorgehen mit dem Begriff der Beobachtung zweiter Ordnung beschreiben, in welcher man mit Hilfe einer anderen Unterscheidung eine Unterscheidung, die man vorher benutzt hat, erkennen kann.

Die Mitglieder der Forschungsgruppe hoffen letztlich darauf, daß im Vollzug des denkenden Sprechens ein unterstützender intuitiver „Sprung" im Denken sich ereignet, der nicht vorhersagbar ist und daher zu neuen Erkenntnissen führen kann. Wir wünschen ihnen dabei viel Erfolg.

Prof. Dr. Wilhelm Büttemeyer, Institut für Philosophie,
Carl von Ossietzky Universität Oldenburg

1 Die Dialektik von Kommunikation und Medien

Die Entwicklung moderner Gesellschaften zeigt eine bisher nicht gekannte Beschleunigung technischer Medienentwicklung. Diese Entwicklung kann, wie der konstruktivistische Medien- und Systemtheoretiker SCHMIDT herausgestellt hat, darauf zurückgeführt werden, daß Medien Kommunikation erzeugen und die Ausdehnung von Kommunikation ihrerseits zur Entstehung neuer Medientechnologien beiträgt. Wir leben heute in einer Mediengesellschaft globalen Ausmaßes, in der die traditionelle kulturelle Ordnung mehr und mehr zu einer weltumspannenden Medienkultur wird. Diese Transformation geht einher mit der Ausdehnung unserer Wahrnehmungsmöglichkeiten, der Veränderung unserer Vorstellungen von Öffentlichkeit und Privatheit und unserem politischen wie ökonomischen Handeln. Die moderne Gesellschaft emanzipiert sich durch diese Transformation vollständig von der traditionellen Gesellschaft. Als Folge dieser Medienentwicklungen entstehen neue Realitätstypen, die sich der traditionellen Dichotomie von Fiktion und Realität entziehen. Beobachtungen zweiter Ordnung und Beobachtungen von Latenzen führen zum Wandel von Identität zu Differenz und schärfen unsere Kontingenzerfahrungen.

Eine problematische Rolle in diesem Wandel spielt der menschliche Körper. Er definiert die Grenze zwischen den Erfahrungen der Realität, der Fiktion und der Simulation. Damit einher geht das Problem der Freiheit der Wahl zwischen diesen Erfahrungsmöglichkeiten innerhalb einer stetig wachsenden, nicht mehr überschaubaren Kontingenz und einer parallel auftretenden Reduktion von Komplexität, wie SCHMIDT sagt. Wir befinden uns in einer radikal neuen Situation, welche die Frage nach ihren historischen Wurzeln aufwirft, denn der Diskurs über diese Situation wird kontrovers geführt. Einerseits werden historische Vorläufer dementiert und andererseits gesteht man dem bislang letzten Kapitel der Geschichte der Technologien, der sogenannten „Modernisierung", ein Alter von mindestens zwei Jahrhunderten zu. Darüber hinaus wird die These vertreten, daß eine Dialektik von Modernisierung und Postmodernisierung besteht, d. h. daß mit Prozessen der Modernisierung von Anfang an Prozesse der Postmodernisierung verbunden waren, so beispielsweise in LYOTARDS „Das postmoderne Wissen".

Betrachtet man die Modernisierungsgeschichte mit SCHMIDT historisch, läßt sich der Übergang von der feudal- und ständisch-organisierten Gesellschaft hin zu einer funktional differenzierten Gesellschaft rekonstruieren. Die überkomplex gewordene traditionelle Gesellschaft konnte ihre Probleme Bevölkerungswachstum, steigender Kommunikationsbedarf, Zunahme und Ausweitung des Welthandels, wissenschaftliche und technische Entdeckungen, Kolonialismus und die Lösung religiöser Bindungen nicht mehr mit eigenen Mitteln bewältigen und mußte sich transformieren. Für diesen Transformationsprozeß sind die Zunahme von Rationalität (Aufklärung) und die Entwicklung straffer Organisationen (Bürokratisierung) als entscheidend anzusehen. Eine funktional differenzierte Gesellschaft unterscheidet sich von einer stratifizierten Ständegesellschaft dadurch, daß die Sozialsysteme einer funktional differenzierten Gesellschaft relativ autonom nebeneinander bestehen und nicht die Hierarchie einer Ständegesellschaft aufweisen. Diesem Wandel geht allerdings kein globaler Plan voraus, auch gibt es keine Intentionen einzelner Individuen. Die Entwicklung zur und in der funktional differenzierten Gesellschaft geschieht eigengesetzlich. Diesen ersten Entwicklungsschub hin zu einer funktional differenzierten Gesellschaft bezeichnet SCHMIDT als „erstes Modernisierungssyndrom".

Bei näherer Betrachtung der autonomen Systeme Geld, Wirtschaft, Soziales, Recht, Staat und Kirche wird der Modernisierungsprozeß deutlicher. Der kometenhafte Aufstieg des Finanzkapitalismus in einer Zeit der Industrialisierung, gekoppelt an die Ausprägung demokratischer Formen und einen subjektivistischen Individualismus, gab dem universellen Tauschmittel Geld soviel Bedeutung, daß die Wirtschaft bis heute zum führenden Teilsystem in den modernen Gesellschaften wurde. Als entscheidende sozialpolitische Entwicklung darf die Trennung von Staat und Gesellschaft und die damit verbundene Entstehung einer bürgerlichen Öffentlichkeit angesehen werden. In der Jurisprudenz löste das positive Recht das Naturrecht ab. Die Kirche verlor durch die Trennung vom Staat, mit dem sie Jahrhunderte eng verflochten war, ihre vorrangige Stellung und wurde zu einem Arrangement unter vielen, da die Freiheit des Individuums demselben die Wahl offerierte, sich für oder gegen etwas zu entscheiden. Die Herausbildung dieser Individualität wurde auch durch die Schrumpfung der Großfamilien zu Kleinfamilien begünstigt. Die Wissenschaften der Moderne bedienen sich mehr und mehr der experimentellen Methode. Die Geisteswissenschaften nehmen Abstand von der Metaphysik und entwickeln sich als historische Disziplinen. Das zusammengenommen hat den Effekt, daß Wissen insgesamt als etwas gesehen wird, das historisch determiniert ist. Allein der Evolutionsgedanke ist bereits ein bedeutender Fortschritt. Vorher war alles endgültig festgelegt, „von Ewigkeit her" vorbestimmt. Fortan wird es historisiert, zeitlich verflüssigt, man denkt es als Evolution, als Fortschritt in der Geschichte.

Das Lösen der Subjekte aus ihren alten Ordnungen heraus, hinein in soziale Rollen, führt zu einer Konstitution des Individuums als freies Rechtssubjekt. Im Zuge dieses Aufstiegs der bürgerlichen Individualität im 18. Jahrhundert nahm Identität die Form reflexiver Subjektivität an. Diese Entwicklung begann schon mit der Philosophie von DESCARTES und setzte sich mit KANT und HEGEL fort. Subjektivität wird nun zum letzten Prüfstein. Mit dieser Auffassung von Subjektivität stehen Prozesse der Selbstreferentialität im Zusammenhang. SCHMIDT nennt einige Beispiele für Selbstreferentialität, die sich in der Moderne ausdifferenzieren: Selbstbestimmung, Selbstrealisierung, Selbstregulierung, Selbstbeobachtung, Selbstverantwortung bis hin zur Selbsterkenntnis. Doch diese Errungenschaften haben ihren Preis. Mit der Entwicklung neuer Werte geht ein Rückgang alter Sicherheiten und Legitimationen einher. Als Konsequenz steigt die Risikohaftigkeit freigewählter Handlungsoptionen in der Gesellschaft an. Es besteht eine Dialektik zwischen der Freiheit und dem Risiko der Freiheit.

Die Ausgangsthese von SCHMIDT lautet, daß der Durchbruch der Modernisierung mit der Entwicklung von Medientechnologien zusammenhängt. Hierzu zählt er die Medienerfindungen Telegraf, Fotografie, Telefon, Fonograf, Film und Radio auf. Wenn dies so betrachtet wird, dann erscheint die Modernisierung als ein Fortschrittsprozeß. Die daran geknüpften Erwartungen werden aber gedämpft, denn die Modernisierung führt auch in eine kritische Situation und nicht zu immer weiteren Fortschritten. Diese kritische Situation verortet SCHMIDT um die Jahrhundertwende und bezeichnet sie als das „zweite Modernisierungssyndrom". Damit meint er nichts anderes als die Entwicklung von Relativismus und Perspektivismus. In der Zeit von 1890 bis 1920 ereignet sich ein qualitativer Wandel der traditionellen Modelle von Realität, Zeit, Geschichte, Sprache und Wertsystem im Zuge wissenschaftlicher Entdeckungen, technischer Umwälzungen und auch philosophischer und ideologischer Bewegungen. Als Beispiele für die Ausbreitung von Relativismus und Perspektivismus können die Philosophien von SCHOPENHAUER und NIETZSCHE sowie die Psychoanalyse genannt werden. Insbesondere seit der Psychoanalyse weiß der Mensch, daß er „nicht einmal Herr im eigenen Hause ist". In der Physik wurden ein Makrokosmos und ein Mikrokosmos geöffnet und dem Menschen wurde verdeutlicht, daß er im Mesokosmos zu leben hat. Diese Neuerung war, im Gegensatz zur Philosophie von SCHOPENHAUER und NIETZSCHE und der Psychoanalyse, sehr schnell weltweit bekannt. Ähnlich verhielt es sich mit den physikalischen Entdeckungen von MACH, EINSTEIN und BOHR. Mit diesen Forschernamen bringt SCHMIDT die konstruktive Rolle des Beobachters im Rahmen kognitiver Prozesse in Zusammenhang.

Die Folge all dieser Entwicklungen ist die Infragestellung einer Zentralperspektive auf eine Realität. Heute gibt es viele Sichten auf viele Realitäten. EINSTEIN und BERGSON entwickeln relativistische Konzepte, die neue Verständnisse von Zeit zur Konsequenz hatten. Im naturwissenschaftlichen Bereich wird Zeit in Beziehung zu Geschwindigkeit und im individuellen Bereich in Beziehung zu subjektiven Erfahrungen gebracht. Es kommt zudem zu einem Zweifel an Rationalität und Wissenschaft und an der referentiellen und kommunikativen Kraft der Sprache. Zum einen wurde bezweifelt, daß die Sprache auf Objekte einer vorgegebenen Realität abzielt und zum anderen, daß die Sprache automatisch Kommunikation ermöglicht. SCHMIDT erinnert an den Begriff der „Krankheiten der Sprache". Dieser Begriff ist in der Philosophie in erster Linie durch WITTGENSTEIN bekannt. SCHMIDT zeigt aber, daß dieser Begriff auch schon im 19. Jahrhundert durch weniger bekannte Sprachphilosophen wie Mauthner und Müller entwickelt und gebraucht wurde.

Mit der Beschleunigung der Modernisierungsprozesse wird Modernisierung als Ganzes in Frage gestellt. Schmidt nennt diesen Vorgang: „die Modernisierung wird reflexiv". Die Modernisierung in Frage zu stellen, heißt nicht, daß Modernisierung abgeschafft werden soll, sondern daß Modernisierung in eine Frage gestellt, also problematisiert wird. Durch dieses Problematisieren wird Modernisierung selbstreflexiv. Fazit ist, daß Modernisierung nach Schmidt Kontingenzbeschleunigung ist. Die durch die Kontingenzbeschleunigung hervorgebrachten Probleme versuchte man verstärkt in der ersten Hälfte des 20. Jahrhunderts auf vielfältige Weise zu lösen. Eine dieser Lösungen war die Entstehung neuer Totalitarismen, wie Faschismus und Stalinismus. Nach der Überwindung dieser Totalitarismen versucht die Modernisierung sich Schmidt zufolge grundsätzlich gegen solche Infragestellungen zu wehren, indem sie sich selbst totalisiert. Da Modernisierung aber Kontingenzbeschleunigung ist, müßte sie qua Voraussetzung Universalisierung und Totalisierung ausschließen. Aber die einzige Möglichkeit, sich gegen eine totalitäre Infragestellungen zu wehren, besteht darin, selber eine totalitaristische Versionen anzunehmen, also Modernisierung auf den Rest der Welt auszudehnen.

Dieser neue Anlauf der Modernisierung und die damit verbundenen Probleme sind Gegenstand der Philosophie Lyotards. Für Lyotard ist die Ambivalenz der Modernisierung der Gegenstand einer Diskussion um die Begriffe der Moderne und der Postmoderne. Diese Diskussion findet sich in Reinform in der Schrift „Das postmoderne Wissen" von Lyotard. In dieser Schrift wird das Programm der Modernisierung in eine Frage gestellt. Damit wird in eine Phase eingetreten, die Schmidt als das Reflexivwerden dieser Modernisierung bezeichnet. Wesentlich für dieses Reflexivwerden der Modernisierung ist das Phänomen der Pluralisierung. Diese Pluralisierung war von Lyotard angesetzt worden, um die Totalität oder Vereinheitlichung der Diskurse in Frage zu stellen. Pluralisierung ist hiermit jetzt etwas, was Schmidt zufolge selbst zur postmodernen Meistererzählung erklärt werden muß. Dies hat Lyotard sicher nicht gewollt, ist aber eine Konsequenz, die nicht abgewendet werden kann.

Ein positiver Aspekt dieser postmodernen Pluralisierung ist eine Entdramatisierung hinsichtlich der Einschätzung von Pluralisierung überhaupt. Pluralisierung war in der traditionellen Gesellschaft (und ist auch zum Teil heute noch) eine Gefahr, die die Gesellschaft ernsthaft in Frage stellen konnte. Diese Gefahr aber konnte in eine Chance transformiert werden. Genau dieses Phänomen nennt Schmidt das „dritte Modernisierungssyndrom". Diese Relativierung macht einen fixen Beobachterstandpunkt unmöglich. Einerseits gilt die Forderung, eine Situation in der Beobachtung zu realisieren, die Beobachtung der Beobachtung sogar herzustellen, also eine Situation der Beobachtung zweiter Ordnung zu realisieren.

Andererseits muß aber davon ausgegangen werden, daß mit der Entwicklung der Modernisierung genau das unmöglich wird, weil mit der Modernisierung die Perspektivierung und Relativierung unabdingbar einhergeht und damit zu einer Situation führt, in der ein fixer Beobachterstandpunkt nicht mehr eingenommen werden kann. Dieses Problem ist ein weiteres Phänomen von Kontingenz.

Das führt zur Verwandlung dessen, was wir die Realität nennen. Es führt dahin, daß eine feststehende Realität aufgelöst wird und daß Realitäten sich in variable sozio-historische Ereignisse transformieren. SCHMIDT versucht im Anschluß an LYOTARD, so etwas wie eine Dialektik von Modernisierung und Postmodernisierung zu erklären.

Die Modernisierung hat die traditionellen Stabilitäten korrodieren lassen. Das hat zwei gegensätzliche Nachfolgeprozesse hervorgerufen. Auf der einen Seite sogenannte Posteffekte. Das sind die Kontingenzerfahrungen. Auf der anderen Seite antithetische Bemühungen, Kontingenz zu reduzieren und Stabilität wiederherzustellen. Damit sind die totalitären Strömungen, wie Stalinismus und Faschismus gemeint. Heute wären das fundamentalistische Bestrebungen oder Sektierertum. Der Stalinismus und der Faschismus sind hier nicht unter moralischen, sondern unter systemtheoretischen Gesichtspunkten zu betrachten. So gesehen hatten diese Phänomene die Funktion, das, was die Modernisierung erzeugt hat, nämlich Kontingenzerfahrung in einem positiven Sinn, wieder zu zerstören und Stabilitäten im Sinne der traditionellen Gesellschaft wiederherzustellen.

Die postmodernen Kontingenzerfahrungen unterscheiden sich jedoch von den ersten beiden Modernisierungssyndromen. WELSCH und VATTIMO empfinden diese Kontingenz nicht mehr automatisch als eine Form von gefährlicher Relativität. Sie sehen eher eine Multiplikation von Optionen sowie eine Vielfalt von Sprachen und Kultur usw. Diese Sichtweise ist eine positive, die auf das Ideal einer transparenten Gesellschaft hinausläuft. Wir vertreten im Anschluß an SCHMIDT allerdings die Position, daß mit der Installierung einer transparenten Gesellschaft als neues Ideal der 80er und der 90er Jahre das Problem des weltweiten Anstiegs neuer Fundamentalismen verbunden ist. All diese Fundamentalismen sind bestrebt, Pluralisierungstendenzen in den gegenwärtigen Gesellschaften in Frage zu stellen und wieder rückgängig zu machen. Zur Kontingenzbeschleunigung und zur Pluralität aber gibt es unseres Erachtens keine Alternative. Jede Alternative dazu wird unweigerlich auf Chaos und Gewalt hinauslaufen.

2 Die Ausdifferenzierung einer Phänomenologie und Ontologie der Medien

Die radikalste Version, die virtuelle Realität heute annimmt, ist der Cyberspace. Was aber ist eigentlich der Cyberspace und wie müssen wir den Cyberspace bestimmen? Es stellt sich die Frage, ob der Cyberspace ein Teil der empirischen Welt sein kann, oder ob er eine parallele Nebenwelt ist.

Wenn wir in eine virtuelle Welt eintreten, überschreiten wir eine Grenze. Wir müssen also übersetzen in eine andere Welt. Das bedeutet, daß wir in die Bilder dieser Welt wirklich eintauchen. Wir geben uns aber nur als Geistwesen in diese virtuelle Welt hinein. Der Körper bleibt außerhalb dieser Welt. Das Eintauchen bezieht sich nur auf unseren Geist, auf unser Bewußtsein, aber nicht auf unseren Körper. Natürlich gibt es auch Simulationen menschlicher Körper. Aber diese sind eher nur ein Nebenprodukt. In Wirklichkeit geht es darum, diese Simulation nicht in erster Linie auf den Leib, sondern auf die geistige Existenzweise zu beziehen. Im Anschluß an Marshall MCLUHAN ließe sich behaupten, der PC sei nicht mehr bloß ein Werkzeug seines Benutzers bzw. eine Extension seines Körpers, sondern eine Extension seines selbst, seines Geistes, des Bewußtseins. Letztlich treffen wir hier also auf die alte metaphysische Leib-Seele-Theorie, wonach es so etwas wie einen Primat des Geistes gibt.

Der Cyberspace ist für den Philosophen und Medientheoretiker Stefan MÜNKER etwas, das sich im Bereich des logisch Möglichen, d. h. im Bereich abstrakter Gedankenexperimente abspielt. Nun kann behauptet werden, daß die Verwirklichung der virtuellen Realität die philosophische Differenz von real Möglichem und logisch Möglichem einebnet. Der Unterschied zwischen der virtuellen Realität auf der einen Seite und einem abstrakten Gedankenexperiment auf der anderen Seite besteht für MÜNKER darin, daß wir die virtuelle Realität wirklich betreten bzw. darin eintauchen können, ein abstraktes Gedankenexperiment hingegen nicht. Angesichts der virtuellen Realität ist die philosophische Differenz zwischen dem real und dem logisch Möglichen aber nicht mehr tragbar. Denn das logisch Mögliche wird im Cyberspace erfahrbar. Dies aber bedeutet, daß logische und reale Möglichkeit im Cyberspace verschmelzen. Die entscheidende Frage in diesem Zusammenhang lautet daher, ob die virtuelle Realität nur ein experimentelles Modell oder eine alternative Dimension zur Wirklichkeit selbst ist. Die entscheidende Frage ist nicht mehr, was etwas ist, sondern, wie etwas ist: ob es nämlich Seiendes ist oder Schein – also Nicht-Sein. Die Diskussion des ontologischen Status der virtuellen Realität ist daher der Kern der Debatte um den Cyberspace. Hinter dieser Debatte steht für MÜNKER ein uraltes philosophisches Problem, nämlich das Problem der Gegenüberstellung von Sein und Schein, bzw. von Sein und Nicht-Sein.

Wenn man nun nicht will, daß der Cyberspace als alternative Wirklichkeit in ein Konkurrenzverhältnis zur Wirklichkeit gestellt wird, dann darf man der Virtualität keinen ontologischen Status im strengen Wortsinne einräumen. Zu überlegen ist daher, ob der Cyberspace nicht einen bloß ästhetischen Status aufweist. Zu diesem Zweck beruft man sich oft auf Kant oder auf Nietzsche oder gar auf beide zugleich, so auch Münker. Allerdings muß hier ausdrücklich differenziert werden.

Bei Kant geht es um die Multiplizierung bzw. Pluralisierung von Weltanschauungen innerhalb einer uns erscheinenden Wirklichkeit von einem Betrachterstandpunkt aus. Zudem gibt es einen Primat der für uns unerkennbaren Wirklichkeit-an-sich. Die Wirklichkeit-an-sich kann natürlich, weil unanschaulich, nicht pluralisiert werden. Wir können den Kantschen Standpunkt mit dem Modell der Zentralperspektive in Zusammenhang bringen. Wir können aber Nietzsches Auffassung der Abschaffung der wahren Welt nicht mit der Zentralperspektive in Verbindung bringen. Denn in der Zentralperspektive geht es um eine Relativierung der Weltanschauung, aber nicht der Welt selbst. Im Perspektivismus Nietzsches geht es um eine Relativierung der Welt überhaupt. Das ist etwas ganz anderes. Bei Kant geht es um verschiedene Anschauungen auf ein und dieselbe Wirklichkeit. Genau das ist es auch, was Kant mit seiner Kopernikanischen Wende meint. Jede neue Perspektive ist nur ein neues Bild ein und derselben Welt. Diese Perspektiven darf man nicht als neue Welten bezeichnen. Das wäre im Sinne Kants falsch. Nietzsche hingegen schafft jene Wirklichkeit-an-sich ab. Was übrig bleibt, sind vielfältige Welten. Diesen Unterschied zwischen Perspektivismus und Zentralperspektive darf man auf keinen Fall verwischen. Nietzsches Perspektivismus ist ein Perspektivismus ohne Referenz. Es gibt nur die Binnenperspektive der Perspektive. Man bewegt sich in sich selbst. Und man kann natürlich die Perspektive wechseln, aber dann ist man wirklich in einer ganz anderen Welt. Es gibt bei Nietzsche also mehrere Welten nebeneinander, die völlig autonom betrachtet und nicht auf eine alles umfassende Wirklichkeit zurückbezogen werden müssen. Bei Kant ist das nicht der Fall. Alle Erscheinungsweisen, alle Erkenntnisse der Welt, wie sie uns erscheint, müssen letztendlich rückbezogen werden auf die Wirklichkeit-an-sich. Daher auch steht der Begriff der Zentralperspektive im Zusammenhang mit „Verschiebungen". Diese Verschiebungen beziehen sich auf den Wechsel von Perspektiven auf eine Wirklichkeit. „Ablösung" dagegen ist eher dem Perspektivismus Nietzsches zuzuordnen. Dabei geht es tatsächlich um eine Immaterialisierung, um eine Abschaffung. Der Primat einer Welt an sich wird bestritten. Das perspektivische Modell können wir daher auch als metaphysikkritisches Modell beschreiben. Es gibt nun eine Vielheit von unterschiedlichen Welten, die keinen Bezug zueinander haben, die abgetrennt sind, die unabhängig voneinander existieren. Das sind die Welten im Perspektivismus. Die vielfältigen Welten im zentralperspektivischen Modell hingegen sind immer nur andere Darstellungen der Welt an sich – verschiedene Perspektiven auf ein und dieselbe Wirklichkeit.

Hier bewegen wir uns in einem ästhetischen Bereich. Wenn wir aber sagen, hier haben wir wirklich verschiedene Welten, die völlig unabhängig voneinander sind, dann reden wir nicht mehr ästhetisch, sondern ontologisch. Das ist etwas völlig anderes.

Wann kann die virtuelle Realität in einem Konkurrenzverhältnis zur Realität stehen? Diese Gefahr besteht genau dann, wenn die virtuelle Realität einen ontologischen und nicht einen ästhetischen Status hat. Diese beiden Dimensionen dürfen nicht verwechselt oder vermengt werden. Wenn man davon ausgeht, daß der Cyberspace einen autonomen ontologischen Status hat, dann würde dessen Gestaltung nach dem Modell realer Umgebungen tatsächlich die Gefahr heraufbeschwören, daß man die virtuelle Realität verwechseln könnte mit der Realität unserer Welt. Der Ursprung der virtuellen Realität würde quasi vergessen und die virtuelle Realität als die „richtige" oder „wirkliche" Realität aufgefaßt. Vor dieser Gefahr warnt auch der Medientheoretiker MÜNKER. Allerdings verwickelt MÜNKER sich in Widersprüche, weil er ästhetische und ontologische Argumente vermengt. Einerseits stellt er fest, die vielfältigen Welten des Cyberspace nehmen nur einen ästhetischen Status an und würden dadurch aus dem Konkurrenzverhältnis zur Wirklichkeit gelöst. Andererseits behauptet er, man dürfe den Cyberspace auf keinen Fall nach dem Modell realer Umgebungen betrachten oder beschreiben, weil er dann in ein Konkurrenzverhältnis zur Wirklichkeit trete. Wenn aber der Cyberspace einen nur ästhetischen Status hat, dann kann er nicht in ein Konkurrenzverhältnis zur Realität treten, selbst wenn er nach dem Modell realer Umgebung bebildert ist. „Verschiebung" und „Ablösung" dürfen also auf keinen Fall verwechselt werden.

Wenn man also eine Konkurrenz des Cyberspace zur Wirklichkeit theoretisch ausschließen will, dann muß man sich auf eine Theorie einlassen, die auf die Zentralperspektive und auf Verschiebungen, nicht aber auf einen Perspektivismus und auf Ablösungen zurückgeführt werden kann. Man kann ein mögliches Konkurrenzverhältnis des Cyberspace zur Wirklichkeit nur ausschließen, indem man den Cyberspace als Sonderfall ästhetischer Welten ansieht. Der Cyberspace wäre demnach nur eine neue Perspektive auf die Wirklichkeit und keine eigene Welt, die einen autonomen ontologischen Status für sich beanspruchen kann. Es gibt dann keine wirkliche Differenz zur Realität, sondern es kann nur virtuelle Realitäten in der Realität geben. Das Virtuelle kann dann nur Teil der Realität, d. h. eine bestimmte Perspektive auf die eine Realität, aber keine Alternative eigener Realität sein.

Läßt man sich hingegen auf eine Theorie ein, die die ontologische Verselbständigung verschiedener Realitäten oder Welten als möglich erachtet, dann kann man eine mögliche Konkurrenz der „virtuellen Realität" zur „wirklichen Realität" theoretisch nicht mehr ausschließen. Eine solche Theorie wäre eine „Ontologie der Ablösung".

3   Die Ontologie der Ablösung

Der amerikanische Robotiker Hans MORAVEC versucht in seinen theoretischen Schriften, sich einen Geist ohne Körper vorzustellen. Diese Vorstellung bezieht sich auf das künftige Computerzeitalter, in dem der menschliche Geist in eine andere Form transformiert sein wird. Auf der Basis zukünftiger Spitzentechnologie soll es möglich sein, den Geist auf eine andere Hardware zu laden, genauso wie man ein Programm heute von Maschine zu Maschine übertragen kann. Die entscheidende Frage dabei ist allerdings, inwieweit der Geist überhaupt unabhängig vom Körper existieren kann? Seine spekulativen Überlegungen leitet MORAVEC mit der Beschreibung von zwei Phänomenen ein, die unsere technische Welt schon heute teilweise bestimmen: die Telepräsenz und die virtuelle Realität. Diese beiden Technologien sind allerdings keineswegs ausgereift, sondern erst im Entstehen begriffen.

„Telepräsenz" bedeutet, daß man an einem Ort agieren kann, an dem man nicht wirklich sein kann, weil es zu gefährlich oder prinzipiell unmöglich wäre. Viele Beispiele dieser Technologie sind weitgehend bekannt: Umgang mit radioaktivem Material, Sonden in der Weltraumforschung, aber auch Tiefseeforschung und insbesondere die Medizin mit der Mikro-, in Zukunft Nano-Technologie. Mitunter handelt es sich hier schon um alltägliche Technologieanwendungen. MORAVEC definiert Telepräsenz als eine Technologie, die mittels Ein- und Ausgabeimpulse eines Geschirrs, das von einem Menschen betätigt wird, Steuerungsbefehle an eine Maschine an einem anderen Ort übertragen kann. Diese Maschine handelt dann stellvertretend für ihren Nutzer und kann sogar einem humanoiden Roboter ähneln. Wichtig ist dabei der Aspekt der Synchronizität von Präsenz und Telepräsenz, denn es findet ein Datentransfer in beiden Richtungen statt. Der biologische Körper bleibt an seinem Ort. Das Bewußtsein befindet sich aber dort, wo der Roboter ist. Das bedeutet, daß hier nur die Vorstufe eines Immaterialisierungsprozesses erreicht wird, denn der Geist bleibt auf den eigenen Körper angewiesen. Noch ist keine wirkliche Trennung oder Ablösung festzustellen, die Körperlichkeit ist notwendig. Wesentlich für die Telepräsenz ist die Erweiterung der Reichweite durch eine entsprechende Technologie. Allerdings sind schon hier bei Anwendungen neue Wahrnehmungsphänomene relevant, so daß es zu bislang unbekannten Erfahrungen für das Bewußtsein kommen kann, so z. B. bei der Selbstbeobachtung.

Das zweite Phänomen, das MORAVEC beschreibt, ist die „virtuelle Realität". Der Unterschied zur Telepräsenz ist der, daß der ferngesteuerte Roboter ersetzt wird durch die Computersimulation. Ansonsten hat man auch ein Geschirr, in das man sich einspannen läßt. Moravec bezeichnet das dabei Erlebte als einen Computertraum oder als eine durch den Computer geschaffene Geisterwelt. Bekannt sind hier die Verfahren der Flugsimulation, im kleineren Maßstab die Spiele am PC, im größeren Erdbebensimulationen.

Ausgehend von diesen beiden schon heute angewandten Technologien stellt Moravec ein Hybridsystem vor, d. h. eine Kopplung von Telepräsenz und virtueller Realität. So zum Beispiel ein virtueller Bahnhof, der aufgesucht werden kann, um sich dann am Zielort mit einem Telepräsenz-Roboter zu verbinden. Man könnte dann reisen, ohne physisch den Ort zu wechseln. Wiederum sind vertraute Gegebenheiten Vorläufer dieser Utopie, denn Bildschirmarbeitsplätze lassen den Bediener schon heute mehr Zeit in einer virtuellen Realität verbringen, als in der physischen. Moravec sieht hier eine Entwicklung in unserer kulturellen Evolution, eine Entwicklung, die eigentlich nur die Fortsetzung einer uralten Geschichte ist, die sich immer mehr verfeinert.

Er thematisiert auch den Nutzen dieser neuen Technologien, denn sie können angewandt werden, um eigene körperliche Schwächen zu kompensieren. Bekannt sind hier Anwendungen wie Armprothesen, die durch Nervenpotentiale gesteuert sind und somit bereits Schnittstellen darstellen, als auch Implantate, die ausgefallene Sinne ersetzen können. Die Fortschritte in der Neurobiologie gehen inzwischen soweit, daß wir bald unseren Körper „zum alten Eisen werfen" können. Unsere spätere virtuelle Existenz, also eine externe Existenz außerhalb unseres Körpers, wird besser als je zuvor sein. Dieser Weg wird Moravec zufolge in zwei Schritten zu begehen sein. Zuerst wird der Körper durch elektronische Äquivalente ersetzt, dann das Gehirn. Aber mit dem Gehirn gibt es Probleme. Das Gehirn ist Träger des Geistes, des Bewußtseins. Doch das Gehirn ist biologisch und somit sterblich. Darum reicht es nicht, nur den Körper zu ersetzen. Will man den alten Traum der Unsterblichkeit erfüllen, muß auch das Gehirn als biologische Basis schwinden. Moravec schlägt daher vor, die Bestandteile des Hirns nach und nach bei Ausfällen zu ersetzen, das biologische System durch ein dann vollständig künstliches zu ersetzen. Nur so sei Unsterblichkeit zu erreichen, denn das Biologische ist sterblich. Allerdings muß diesem neuen Geist auf neuer Basis zumindest die Simulation von Körperlichkeit mitgegeben werden, weil sogar ein „Gehirn im Tank" (Putnam) auf Körperlichkeit und Sinneseindrücke (Input) unaufhebbar zugeschnitten ist. Ein entscheidender Vorteil, den Moravec nach erfolgter Umwandlung der biologischen Systeme in künstliche sieht, besteht darin, daß unsere Gedanken klarer und deutlicher denn je würden, denn diese Gedanken wären von ihrer vorgängigen Körperabhängigkeit befreit. Moravec versteht diese künstlichen Systeme als menschliche Wesen, die auch so handeln. Nur ist jetzt aus dem Körper die Hardware und aus dem Geist die Software geworden. Die Hardware ist dann zwar immer noch vergänglich, doch kann man die Software problemlos auf eine neue Maschine überspielen.

Der Mensch ist dann zu einer Nachricht geworden mit allen Vorteilen, die gespeicherte Informationen bieten. Man muß hier aber unterstellen, daß nach MORAVEC Bewußtsein und Geist nicht identisch sind, daß also der Geist aus Komponenten besteht und daß es eine Komponente gibt, die das Ich beherbergt.

Betrachtet man den menschlichen Geist funktional, kann man ihn durchaus mit einem vernetzten Computersystem vergleichen. Allerdings ist das nur eine theoretische Analogie. MORAVEC aber beschreibt so den Verlauf der künftigen Evolution. Diese Zukunft aber wäre „inhuman". Wir müssen uns von unserem alten Menschenbild trennen, denn MORAVEC will auf die Abschaffung des biologischen Menschen hinaus. Doch kann man schon vom Geist ohne Körper sprechen, wenn der Geist als Software existiert und auf einer Hardware läuft? MORAVEC verneint dies, denn das biologische Gehirn ist auf Sinnesdaten zugeschnitten und auf den Körper angewiesen. Aus Experimenten in sensorischen Deprivationskammern ist bekannt, daß das Gehirn und auch das Bewußtsein auf den Körper bzw. auf Körperlichkeit angewiesen ist. Auch die aus dem Geist entstandene Software muß darum mit einer Illusion des Körpers verknüpft sein. Eine mögliche Alternative wäre nach MORAVEC hier das Ersetzen der Körper-Identität durch eine Struktur-Identität, durch die die notwendige Illusion des Körpers hinfällig werden soll.

Nach MORAVEC gibt es aber bereits heute Programme, die dem körperlosen Geist ähneln. Schachprogramme zum Beispiel sind Programme, die nur denken und keine Sinnesdaten mehr benötigen, somit auch kein Außenweltwissen. Sie sind reines Bewußtsein. Die Zukunft könnte dann so aussehen, daß reine Maschinengeister und simulierte Menschen mit simulierten Körpern in kybernetischen Räumen in Verbindung treten. Dieser Cyberspace wird die physikalische Realität ersetzen und das, was wir heute als Wirklichkeit verstehen, nur als Simulation beinhalten. Das soziale Zusammenleben wird dort beherrscht von einer Ökonomie, die als Werte Speicherplatz und Computerzeit kennt. Doch wird der simulierte Mensch, unser direkter Nachfahre, erfolglos sein gegen den reinen Maschinengeist, unseren indirekten Nachfahren. Der Mensch als Software wird zu einem Wettbewerb genötigt in einem Medium, nämlich dem Cyberspace, welches von Natur aus nicht sein Medium ist. Er bleibt den physikalischen Analogien verhaftet und ist damit chancenlos gegen den künstlichen reinen Geist. Sieger in diesem kybernetischen Sozialdarwinismus werden unsere Kinder des Geistes sein, die „Mind Children".

Für das hier beschriebene Forschungsprojekts hat ein Aspekt besondere Bedeutung. Der von der kulturellen Evolution verursachte und von MORAVEC auch schon mit großer Hoffnung erwartete Umwandlungsprozeß der biologischen Systeme in künstliche ist eine Entwicklung vom Menschlichen zum Unmenschlichen. Die Evolution hatte ihren Beginn in der Chemie, wechselte über zur Biologie, die zum dominanten Bereich wurde, um zukünftig in einer postbiologischen Phase ein vorläufiges Ende zu finden. MORAVEC schreibt: „Der so entstehende körperlose Geist wäre zwar etwas Wunderbares im Hinblick auf die Klarheit seiner Gedanken und die Tiefe seiner Einsichten, aber er wäre keineswegs menschlich." Hier konstatieren wir eine auffällige Analogie zu den Aussagen des Philosophen Jean-Francois LYOTARD. Auch er thematisiert das Inhumane. Wollen wir unser Denken vor dem Tod der Sonne retten, so müssen wir unmenschlich werden. Im 6. Kapitel dieser Arbeit kommen wir darauf zurück.

Nach Ansicht dieser Theoretiker müssen wir also unsere bisherige Konzeption des Menschseins aufgeben und überwinden. Für MORAVEC gibt es keine Alternative, denn die Evolution geht ihren Weg. Er meint damit die kulturelle Evolution, denn die biologische verbleibt stockend. Die Menschen haben zwei Vererbungsstränge: einerseits die biologische Linie, die in der DNA codiert ist, andererseits die kulturelle Information, die über Beispiele, Sprache und Bücher weitergegeben wird. Beide Stränge sind miteinander verwoben, doch der kulturelle Strang entwickelt sich sehr schnell und übernimmt die Funktionen, die bisher der Biologie angehörten. MORAVECS Rekonstruktion der Evolutionsgeschichte umfaßt die folgende Entwicklung: Ausgehend von bloßen chemischen Prozessen ist der erste große Fortschritt das Festhalten von Informationen auf DNA-Molekülen. In einem nächsten Schritt werden Informationen nach einem biologischen Programm über das Erbmaterial weitergegeben. Schließlich findet der Informationstransfer von Geist zu Geist statt. In den ersten Phasen der menschlichen Entwicklung geschieht dies durch Imitation, später durch Sprache. Anschließende Steigerungen sind dann Intelligenz, Kommunikation und Sex. Erstere dient der Fehlervermeidung und Prognostik, die zweite der Weitergabe von Fakten von Ort zu Ort. Sex ist dann dazu das biologische Äquivalent, das aber längst nicht so effektiv ist wie die Kulturvarianten. Ein letzter Schritt ist die Informationsspeicherung außerhalb des Körpers und des Geistes, zum Beispiel in Bibliotheken. In unserer Zukunft schließlich werden Informationen unabhängig von uns gemacht und weitergegeben. Computergenerationen werden dann die nächsten Generationen selbst erzeugen.

Man kann über die hier vorgestellte Entwicklung sagen, daß drei Stufen geschildert werden. Von der Chemie ausgehend verläuft dieser Prozeß über die Biologie zur reinen Physik oder Technologie. Die Vorstellungen des folgenden von uns diskutierten Medien-Philosophen unterscheiden sich hinsichtlich dieser Prognose erheblich. Florian RÖTZER argumentiert im Rahmen der Biologie und verläßt diesen Rahmen auch nicht. Doch er sieht ebenso die gewaltigen Potentiale einer zukünftigen Computertechnologie. RÖTZER beschreibt die heutige Zeit als eine, in der zunehmend Technisches, insbesondere Computertechnisches auf uns einwirkt und damit das Verhältnis von Körper und Umwelt tiefgreifend und nachhaltig verändert. Unser Leben wird schon heute ingenieursmäßig verstanden. Wir befinden uns an einer Schwelle, jenseits welcher es darum geht, das Gehirn zu erforschen. Unsere Zukunft steht im Zeichen der Erforschung des Gehirns und wir stehen an der Schwelle zur „digitalen Natur".

Vorerst gibt es noch Entwicklungen im biologischen Bereich, in der Biotechnologie, und Entwicklungen im computergestützten Bereich. Doch das Problem der Schnittstelle ist schon akut. Einerseits gibt es bereits Erkenntnisse auf dem Gebiet der Gen- und Neurotechnologie. Andererseits sind auch schon Computernetzwerke und die virtuelle Realität Wirklichkeit geworden. RÖTZERS Diagnose zufolge werden Körper und Natur immer durchsichtiger, können immer besser kontrolliert werden. Weil man biologische Prozesse und Organismen immer vollkommener verändern kann, drängt sich ein neues Effizienzkriterium auf, so daß sich tradierte Maßstäbe ändern. Es taucht nun die Frage auf, wie ein Körper beschaffen sein sollte und wie man einen neuen Körper designen kann. Leben wird zu einer verfügbaren Ware und der Mensch kann seine körperliche Konstitution ändern, sofern er es sich leisten kann. Nicht mehr das Schicksal schreibt uns dann das Leben vor. Der Mensch kann eingreifen; körperliche Behinderungen, genetische Defekte, körperliche Unzulänglichkeiten, alles, was mißfällt, können wir teilweise ändern. Unterscheiden muß man an dieser Stelle aber den ästhetischen Aspekt und den medizinischen. Wie schon MORAVEC führt auch RÖTZER hier die Beispiele der Neuro-Chips und Neuro-Prothesen für Erblindete und Ertaubte an. Die Notwendigkeit der Forschungen auf diesem Gebiet sind unmittelbar plausibel, doch auch die ästhetischen Aspekte sind von Bedeutung. Denn es geht nach RÖTZER letztendlich darum, den biologischen Körper des Menschen als Element in ein technisches System zu integrieren. Dieser Vorgang geschieht in drei Schritten. Zuerst kommt es zu Ersetzungen, wie zum Beispiel Prothesen sie darstellen, dann kommt es zu Ankopplungen an computergestützte Technologie und schließlich zur Integration des ganzen Körpers in ein technisches System.

Nach RÖTZER haben wir mit der Erforschung von komplexen Systemen auch die komplexen biologischen Systeme entdeckt. Da Eingriffe in die Natur immer vom Risiko der Unkalkulierbarkeit und Unvorhersagbarkeit der Folgen dieser Eingriffe begleitet sind, kann das Projekt Biosphäre I, also unsere Erde, in bisheriger Form nicht mehr kontrolliert und gesteuert werden. Die Alternative für RÖTZER ist darum die Konstruktion von autonomen Mikrokosmen, die unabhängig von der Umgebung und kontrollierbar sind. Das Maß der Komplexität bleibt somit beherrschbar. Unsere Erde haben wir weitgehend irreversibel zerstört und das Unternehmen Biotechnologie hat daher die Aufgabe, langfristig biologische Systeme durch technische zu ersetzen. Das heißt, daß wir auch bei RÖTZER eine Theorie der Ablösung feststellen können. Doch anders als bei MORAVEC wird hier die alte Biosphäre durch eine neue ersetzt, wenn auch im technologischen Verständnis. Andererseits beschreibt auch RÖTZER die folgenden Ersetzungen: Gentechnologie wird abgelöst von Artificial Life, menschliche Körper werden durch Roboter ersetzt, der menschliche Geist durch künstliche Intelligenz, Biosphäre I durch Biosphäre II, biologische Systeme durch technische. Nur sieht er nicht das Ziel dieser Entwicklung in der Physik, in der Technologie, in der posthumanen Ära, wie MORAVEC. Das Ziel RÖTZERS ist es, die Biologie zu perfektionieren. Er versucht eine Perspektive aufzuweisen, die zeigt, daß man die Entwicklungen der Künstlichen Intelligenz, der Computertechnologie und der Biotechnologie zusammenführen kann, um das Leben wiederzuerfinden. Für MORAVEC ist die Entwicklung zwangsläufig und nicht aufzuhalten; die Zukunft wird inhuman. RÖTZER will die Menschen mobilisieren, sie veranlassen, am Bio-Projekt zu arbeiten. Er stellt sich eine Zukunft unter den Bedingungen einer ruinierten Erde vor, wobei der Mensch seinen biologischen Körper noch beibehält. Bei MORAVEC gibt es dann nur noch Roboter und Maschinen. Trotz aller technologisch machbaren Modifikationen am Menschen geht es RÖTZER nicht um die Überwindung des Menschen, auch wenn sich seiner Meinung nach das kognitive System der Informationsaufnahme des Menschen als Software beschreiben läßt. Natürlich wird die Technologie einbezogen, aber die Aufgabe ist das Vorantreiben der Evolution, um noch als Mensch leben zu können. Der Mensch soll nicht ersetzt werden. Die Extensionen des biologischen Systems sollen vergrößert und verbessert werden. Innerhalb der biologischen Dimension sollen die Aktionsmöglichkeiten durch steuerbare Technologien optimiert werden. Diese Dimension soll nicht durch eine technologische, wie bei MORAVEC, ersetzt werden. Wir können also festhalten, daß die beiden Autoren sich hier grundlegend unterscheiden. MORAVEC zielt auf eine inhumane Zukunft, RÖTZER auf eine humane. Abschließend stellen wir also einen Widerstreit fest zwischen einer Perspektive, die im Organischen verbleibt, und einer, die ihr Ziel im Unorganischen hat.

Im Rahmen unseres Forschungsprojektes wurden diese Autoren ausgewählt, um unsere Vorstellung von einer Ontologie der Ablösung näher zu spezifizieren. Bei beiden Autoren finden wir Überlegungen, die die Ersetzung des Leibes und des kognitiven Systems durch elektronische Äquivalente beschreiben. RÖTZER verbleibt im Bereich des Humanen und will die Erkenntnisse der Forschungen nutzen, um ein Überleben im biologischen Rahmen zu erlauben. Dabei betrachtet er das Projekt Biosphäre II als eine Spiegelung des Cyberspace. Dieser ist ein geschützter Raum, vollständig kontrollierbar und sicher, entstanden aus dem Bedürfnis nach Überschaubarkeit in einer Zeit der fortwährenden Kontingenz und Beschleunigung. Die Übertragung in unsere Lebenswelt sind die Kapseln des Projektes Biosphäre II, die nur durch Telekommunikation verbunden sind und alle Vorteile der Televirtualität bieten. Vorteile, die zuerst der Cyberspace aufgewiesen hat. Somit stellen wir hier eine Umkehrung der Verhältnisse fest, denn das Urbild von Biosphäre II liegt im Cyberspace.

Ganz andere Thesen finden sich hingegen bei MORAVEC: Hier ist die Überwindung der Welt das Ziel, die Virtualität wird die physikalische Realität ablösen. Von dem, was war und von dem, was wir heute unter Wirklichkeit verstehen, bleibt nur die Simulation. Der reine Geist wird herrschen. Man kann hier von HEGELianismus sprechen, denn nach MORAVEC läuft alles auf eine Geist-Dimension hinaus. Das Individuum ist nur zeitweise Träger des Geistes und wird im Verlauf der Entwicklung des Geistes geopfert. Maschinen sind bessere Träger.

Die Ontologie der Ablösung

Die Dialektik der Medien erzeugt den Cyberspace. Dieser kann einerseits Erfahrungen liefern, die in unserer Lebenswelt umgesetzt werden (siehe RÖTZER). Andererseits kann aber auch der Cyberspace selbst das Ziel sein und die Wirklichkeit vollständig ersetzen (siehe MORAVEC). Hinsichtlich der Frage nach den Möglichkeiten der Ersetzung des Leibes bzw. der Ablösung des Geistes ist diese Thematik einzuordnen in die langanhaltende Diskussion innerhalb der „Philosophie des Geistes".

Wesentliche Vertreter sind hier:
- Alan TURING (Mathematiker), der Erfinder der Turing-Maschine, die es ermöglicht, jede andere Maschine zu simulieren.
- Hilary PUTNAM (Professor in Harvard), der als erster die Turing-Maschine in die Geist-Hirn Diskussion einführte und der den Funktionalismus entwickelte, eine Theorie, die das funktionale Verhältnis von Geist und Hirn mit dem von Software und Hardware vergleicht, sich aber später kritisch zu seiner eigenen Theorie verhält, weil mentale Zustände als offene Zustände begriffen werden müssen, funktionale Zustände aber per se geschlossen sind und somit eine Identität dieser Zustände unmöglich erscheint.
- John MCCARTHY (Professor in Stanford), der den Begriff Artificial Intelligence, kurz AI, – oder im Deutschen: Künstliche Intelligenz, kurz KI, – erstmals verwendete und welcher der Maschine geistige Zustände und mentale Eigenschaften zuschreibt.
- John SEARLE (Professor in Berkeley) möchten wir als Kritiker obiger Positionen anführen, der seit Jahren an der Geist-Hirn Debatte beteiligt ist und selbst die Position eines „biologischen Naturalismus" entwickelt hat, die besagt, daß mentale Phänomene Bestandteil unserer natürlichen biologischen Geschichte sind und von neuro-biologischen Prozessen in unserem Hirn verursacht werden.

Eine kritische Analyse der Arbeiten dieser Autoren wird ein Bestandteil unserer zukünftigen Forschungsarbeit sein. Festzuhalten bleibt schließlich, daß wir anders als Sybille KRÄMER – Inhaberin eines Lehrstuhls für theoretische Philosophie in Berlin – den medientheoretischen Diskurs mit der Künstlichen-Intelligenz-Forschung auf eine Stufe stellen. KRÄMER betrachtet den Computer ausschließlich als Medium der Kommunikation. Die KI-Forschung sieht sie im Schwinden begriffen. Wir glauben hingegen Parallelen und Zusammenhänge dieser Disziplinen ausmachen zu können und so fruchtbare Erkenntnisse für unser Forschungsziel zu erlangen. Darum favorisieren wir die Zusammenarbeit, nicht die Ersetzung des einen Diskurses durch den anderen.

4 Phänomenologie der Verschiebung

Nach der erfolgten Explikation des Begriffes der „Ontologie der Ablösung" gilt es nun herauszustellen, was mit einer „Phänomenologie der Verschiebung" gemeint sein könnte. Zu diesem Zweck werden wiederum ausgewiesene Autoren herangezogen.

Drei Grundsätze zeichnen u. E. die von uns analysierten und diskutierten „phänomenologischen" Positionen aus. Erstens ist das Virtuelle künftig Teil des Realen. Zweitens ist der Körper in diesem Zusammenhang eine Schnittstelle zwischen dem Realen und dem Virtuellen. Drittens ist der Körper aber auch der Garant des Wirklichen.

Das Virtuelle bedeutet eine völlig neue Erfahrung des Raumes. Es geht nun um ein Eintauchen in Bilder, die nicht nur wie bislang Welten abbilden, sondern selbst zu Welten werden. Der französische Philosoph Philippe QUÉAU weist allerdings darauf hin, daß der virtuelle Raum kein Ort im traditionellen Sinne einer res extensa oder eines tópos ist, sondern der virtuelle Raum ist etwas, das stets in Bewegung und niemals stabil ist. Der virtuelle Raum ist ein Sprachraum. In diesem Sprachraum gibt es unzählige Bilder, die aufeinander verweisen. Beim Virtuellen handelt es sich nicht eigentlich um einen Raum, sondern um ein Ensemble von Verschiebungen von Raum und Zeit, sinnlichen Wahrnehmungs- und logischen Vorstellungswelten sowie der personalen Identität. Der Ort des virtuellen Raumes ist der Cyberspace. Dies ist ein neuer Ort, an dem Tropen und Metaphern die traditionelle Geometrie ersetzen. Im Virtuellen also ist eine wahrnehmbare, erforschbare Identität nicht mehr garantiert. Die virtuelle Welt ist eine Verflechtung, ein Beziehungsknoten. Jeder Standpunkt innerhalb der virtuellen Welt bleibt ohne apriorisches Fundament – sei dies nun rationaler oder aisthetischer Art. Was dennoch erforderlich ist, ist sowohl eine Kritik des Sehens als auch eine Kritik des Glaubens, etwas zu sehen, wie QUÉAU sagt.

In der Realität sind Existenz und Essenz bzw. Wirklichkeit und Möglichkeit über unseren Körper miteinander verknotet. Denn für die Phänomenologen begründet der Körper den Raum und der Raum den Körper. Außerdem ist dieser Körper ausgerichtet auf die Welt. Der gesunde Mensch kann unterscheiden zwischen einem konkreten Raum des Greifens konkreter Gegenstände und einem abstrakten Raum des Zeigens auf nur seh- oder denkbare Gegenstände. Und er kann sich zwischen beiden Räumen hin und her bewegen. Normalerweise sind diese beiden Bereiche miteinander verkoppelt. Diese Verkoppelung nennen die Phänomenologen „integrale Erfahrung".

Es gibt jetzt aber einen weiteren Raum, den virtuellen Raum. Der virtuelle Raum ist ein Raum, der sich vom realen Raum abtrennt. Insofern kann dieser Raum nicht mehr als ein existentieller Raum begriffen werden. Das erfordert natürlich, über die traditionelle Phänomenologie der sinnlich gegenständlichen Erscheinungswelt hinauszugehen, weil diese Phänomenologie reduziert ist auf die Analyse des realen Raums. Wenn wir mit den Möglichkeiten im Rahmen der uns bekannten Phänomenologie von Husserl oder von Merleau-Ponty versuchen, das Virtuelle zu denken, dann kommen wir in einen Bereich, den diese Phänomenologie als Krankheit, als Halluzination bestimmt hat. Die Halluzination gaukelt dem Menschen vor, daß er seinen Körper verlassen kann, sich seinem eigenen Körper gegenüberstellen kann. Genau das aber vermag die virtuelle Realität. Nach dem Beschreibungsmodell der Phänomenologie wären wir demnach alle krank. Es muß daher eine neue Phänomenologie des Virtuellen konzipiert werden, damit wir im Virtuellen nicht zu Delirierenden degradiert werden. Diese Forderung erhebt auch Quéau. Es gibt im Virtuellen also keine integralen Erfahrungen, wie sie im Wirklichen beobachtet werden können. Jede Hoffnung auf Verankerung im stets bewegten, instabilen und metaphorischen Virtuellen muß aufgegeben werden. Die Folge davon ist, daß wir uns immer wieder aufs Neue werden zurechtfinden müssen.

Wie nun läßt sich eine nicht-pathologische Sichtweise des Virtuellen konzipieren? Es müßte sich zeigen lassen, daß es auch andere Möglichkeiten in der Virtualität gibt. Der Gesunde schützt sich vor der Halluzination nicht durch den kritischen Verstand, sondern durch die Struktur des Raumes. Immer geht es darum, eine Distanz zu den Dingen aufrecht zu erhalten, um gesund bleiben zu können. Aber sowohl die Halluzination wie auch die Virtualität sind gerade durch die Überschreitung dieser Distanz gekennzeichnet. Merleau-Ponty hat die Halluzination als eine schwindelerregende Nähe zu den Dingen definiert. Der Gesunde kann die Dinge auf Distanz halten. Um das Phänomen der Virtualität also angemessen beschreiben zu können, muß man das Problem der Halluzination uminterpretieren. Nun ist in der traditionellen Phänomenologie das Virtuelle immer mit dem Imaginären in Zusammenhang gebracht worden, wie Quéau gezeigt hat. Aber das Virtuelle hat auch noch eine andere Seite hat, eine Seite, die nicht zwangsläufig in die Dimension des Imaginären führen muß.

Meine reale Welt ist auch eine soziale Welt. Das Imaginäre nun ist eine Dimension, in der ich nicht mit der Wirklichkeit verknüpft bin, sondern vor der Wirklichkeit flüchte. Wenn man über den Gegensatz real und imaginär spricht, dann geht es Quéau zufolge auch um den Gegensatz Gemeinschaft und Privatheit. Das Virtuelle ist eine Zwischenwelt zwischen dem Realen und dem Imaginären. Das Virtuelle hat nämlich zwei Seiten: eine Seite der Teilhabe mit dem Realen und eine Seite, die auf das Imaginäre verweist. Die Seite der Teilhabe am Realen besteht eigentlich darin, Verkehr mit dem Realen zu haben, und zwar im Sinne einer symbolischen Begegnung, nicht also einer wirklichen Begegnung. Dann gibt es noch die halluzinatorische Dimension, die andere Seite, die im Fiktiven, im Privaten besteht und eine pathologische Dimension hat. Das muß aber nicht zwangsläufig, also quasi-apriorisch so sein. Eine neue Phänomenologie der Virtualität hätte also die Aufgabe, uns Mittel oder Kriterien zu liefern, um zwischen realen und virtuellen Objekten unterscheiden zu können. Denn das ist die Gefahr, die vom Cyberspace ausgeht: nicht mehr zwischen realen und virtuellen Objekten unterscheiden zu können. Dazu aber wäre es vonnöten, den phänomenologischen Glauben an die Welt aufzugeben und im Sinne der Vorschläge Quéaus eine „Phänomenologie der Evidenzlosigkeit" zu formulieren. Dies wird eine zentrale Aufgabe unseres Forschungsprojektes sein. Im folgenden versuchen wir, eine solche „Phänomenologie der Evidenzlosigkeit" in ersten Ansätzen zu skizzieren.

Ein Kernbegriff der traditionellen Phänomenologie ist der Begriff der Intentionalität. Damit ist gemeint, daß Bewußtsein immer Bewußtsein von etwas ist. Die Generalprämisse der Phänomenologie lautet, daß wir an die reale Welt glauben können. Wir können an das glauben, was wir sehen. Diese These muß nun im Hinblick auf die Virtualität bestritten werden. Jene Verknüpfung, die Husserl „Evidenz" nennt, ist der Zusammenfall der Anschauung der Wesenheiten und der Anschauung der Zufälle. Genau diese Evidenz kann es aber in einer Phänomenologie der Virtualität nicht mehr geben. Es gibt hier nämlich keinen umfassenden Begriff für die Zufälle und Wesenheiten des Sehens. Daher wäre es auch sinnlos, die Evidenz wiederherstellen zu wollen. Sinnvoller wäre es hingegen, von Anfang an von einer Philosophie der Evidenzlosigkeit auszugehen. Wir müssen die Zufälle und die Wesenheiten als getrennt voneinander betrachten. Daher ist das Bündnis von Sehen und Glauben aufkündigen. Quéau trägt hierzu zwei Gründe vor:

Erstens könnten wir reale Objekte und virtuelle Objekte nicht mehr voneinander unterscheiden, wenn wir in der Virtualität naiv unserem Sehen glauben würden. In einer Phänomenologie der Virtualität muß es darum gehen, das Virtuelle immer wieder ins Spiel zu bringen, um damit Glauben und Sehen voneinander zu lösen. Es muß darum gehen, zum Wesen des Sehens vorzudringen. Zweitens verwenden Glauben und Sehen unterschiedliche Bilder. Es gibt Bilder, die von gleicher Natur sind, wie das, dessen Bilder sie sind. Und es gibt Bilder, die nicht von gleicher Natur sind, wie das, dessen Bilder sie sind. Der Glaube ist auf Repräsentation verwiesen, auf Konzepte, auf begriffliche Zusammenfassungen. Das Sehen ist auf Perzeption von Präsenz angewiesen; hier geht es um ein Wahrnehmungsresultat, um ein Perzept. Zwischen diesen Bildarten klafft ein Abgrund. Deswegen verbietet es sich, diese beiden Bildarten unterschiedslos zu verquicken. Bei den virtuellen Bildern aber kommt es zu genau dieser Vermengung. Die virtuellen Bilder vereinigen diese beiden Bildarten aufs Innigste, d. h. sie vermischen Präsenz und Repräsentation. Im Cyberspace lassen sich Abbild und konzeptionelles Bild nicht voneinander trennen. Das ist schon im Wesen des Cyberspace beschlossen. Nur in der wirklichen Welt können wir diese Bilder voneinander trennen. Eine weitere wichtige Aufgabe unseres Forschungsprojekts muß daher sein, eine Antwort auf die Frage zu finden, wie man diese beiden Bildarten im Cyberspace zu unterscheiden lernt.

Zu fragen bleibt noch, was überhaupt ein „Medium" ist. Der amerikanische Philosoph Richard SHUSTERMAN beschäftigt sich in seinem Aufsatz „Soma und Medien" mit dem Körper unter den Bedingungen einer medialen Gesellschaft. In diesem Zusammenhang stellt er sich die Frage, was eigentlich ein Medium ist. Ein Medium ist für SHUSTERMAN das, was in der Mitte steht. Wenn das so ist, dann ist es zum anderen auch etwas, was sowohl verbindet als auch trennt, also etwas, was zwei Seiten miteinander vermittelt. In seiner instrumentellen Bedeutung kann das Medium sowohl Weg zum Ziel sein als auch im Wege stehen. Was bedeutet das in Bezug auf den Körper?

Traditionell werten die Pluralität der Sinneswahrnehmung und die Teilbarkeit des Körpers die Körperlichkeit im Vergleich zur Seele ab. Die Seele ist für PLATON und für DESCARTES unteilbar. Sie ist eine reine Einheit. Es gibt von der Antike bis zur Neuzeit immer wieder diese Auffassung, daß die Seele sich durch Unteilbarkeit und Einheit und der Körper sich durch Teilbarkeit und Pluralität auszeichnet. Das sind die traditionellen Kriterien, mit denen Körper und Seele unterschieden werden. Bei MORAVEC wird diese Argumentation umgekehrt. Denn MORAVEC spricht explizit von der Möglichkeit der Teilung des Geistes.

Das Körper-Medium zeigt nach SHUSTERMAN allerdings einen konzeptuellen Doppelaspekt. Schon bei PLATON kann man dies so anwenden, daß die Seele die Wahrheit nicht trotz des Körpers sucht, sondern vor allem auch nur mittels des Körpers suchen und vielleicht finden kann. Das heißt, daß auch bei PLATON der Körper nicht nur etwas Negatives ist, nämlich der „Gefängniswärter" der Seele, sondern er ist auch „Diener" der Seele, und zwar deswegen, weil wir eigentlich überhaupt nur deshalb an so etwas wie Vollkommenheit und Heiligkeit der Seele denken können, weil unser Körper uns quasi ständig durch seine Mängel daran erinnert, daß es vielleicht etwas Vollkommeneres geben könnte. Einerseits ist der Körper eine Gegebenheit, die dazu führt, daß wir nicht zu wirklichem Wissen kommen. Andererseits ist er eine Gegebenheit, die die Voraussetzung bzw. notwendig dafür ist, um zu wirklichem Wissen zu gelangen. Aber auch, wenn es darum gehen soll, die Seele als Vollkommenheit anzustreben, d. h. von körperlichen Makeln zu befreien, zu reinigen, auch dann wäre wieder das einzige Medium für eine solche Reinigung der Körper selbst, und zwar insofern, als man ihn in irgendeiner Art und Weise kontrolliert. Das heißt, diese angestrebte Reinheit der Seele, dieses Ideal ist nicht schlicht und einfach unmittelbar gegeben, sondern sie ist eine Aufgabe, und zwar eine Aufgabe, die nur durch körperliche Mittel, wenn überhaupt, erreicht werden kann und erreicht werden muß. Dieser Aspekt einer Aufgabe, die uns immer schon aufgegeben ist, muß unbedingt festgehalten werden. Er wird von uns als eine entscheidende heuristische Fragestellung eingeschätzt im Hinblick auf die Auseinandersetzung mit den Texten von Lyotard und Sgalambro zum Thema „Tod der Sonne", die in Ansätzen im 6. Kapitel dieser Arbeit zu finden ist.

Die von Shusterman diagnostizierte „fundamentale Doppeltheit" des Körpermediums besteht also darin, daß das Hindernis des Mediums ein Bestandteil seiner Funktion ist. Es ist also nicht bloß ein Hindernis, sondern ein entscheidender Bestandteil seiner Funktion. Diese Definition gilt es, in Erinnerung zu behalten. Sie zeigt die entscheidende formale Lösung unserer Forschungsaufgabe an. Diese These von der fundamentalen Doppeltheit läßt sich nicht nur auf den Körper beziehen, sondern auf alle Medien. Damit gilt auch für alle Medien, daß ihr jeweiliges Hindernis ein Bestandteil ihrer Funktion ist.

Die alles entscheidende Aufgabe, die sich uns in unserem Forschungsprojekt stellen wird, besteht darin, die Frage zu beantworten, wie eine Theorie formuliert werden kann, die ihr Hindernis bzw. ihre Probleme als Bestandteil ihrer Funktion integrieren können muß.

Die phänomenologischen Positionen gehen davon aus, daß wir zwar alles Mögliche auf irgendwelche Maschinen übertragen können, die für uns alles Mögliche tun. Aber letztlich können wir uns nicht vom erfahrbaren Körper lösen. Das ist entscheidend. Zur Begründung dieser Behauptung kann man mit Shusterman ein Argument von William James zitieren, der gesagt hat, daß „ein ganz entkörpertes menschliches Gefühl eine Nicht-Entität" sei. Das ist natürlich eine starke Behauptung, die im völligen Gegensatz steht zu den Ausführungen, die wir sowohl von Rötzer als auch von Moravec her kennen. Damit wird deutlich, daß auf der Seite, auf der wir die phänomenologischen Positionen verortet haben, keineswegs so weit gegangen wird wie auf der anderen Seite, die wir mit Rötzer und Moravec beschrieben haben. Es lassen sich nun klar und deutlich zwei Positionen voneinander unterscheiden. Die eine Position steht für die Möglichkeit der Überwindung des Körpers und für die Ablösung des Geistes, des Denkens vom Körper sowie für die ontologische Selbständigkeit der virtuellen Realität. Die andere Position steht für die Behauptung, daß die Ablösung des Geistes, des Denkens vom erfahrbaren lebendigen Körper absolut nicht möglich ist, weil Affekte, Gefühle und Denken unlöslich an den Körper gebunden sind, weshalb auch die ontologische Selbständigkeit, Unabhängigkeit oder gar Konkurrenz der virtuellen Realität abgestritten werden muß. Zwischen diesen extremen Positionen wollen wir im übernächsten Kapitel eine Möglichkeit der Vermittlung aufzeigen. Doch zunächst fassen wir das bisher Ausgeführte noch einmal zusammen:

Shusterman verbleibt auf der Seite der Verschiebungstheoretiker. Denn für ihn gibt es triftige Gründe dafür, warum bewußte Empfindungen im Körper begründet sind. Einmal sichern sie durch ihren realen Bezug zur Umwelt das Überleben der Art. Zum anderen sind körpergebundene Gefühle das Fundament jeder sozial relevanten und das Überleben sichernden Empathie. Shusterman bringt also letztlich evolutionstheoretische Argumente; er verbleibt in der Dimension der Biologie, weitestgehend sogar in der Dimension der Soziobiologie, weshalb man seine Position als Biopragmatismus bezeichnen könnte. Für SHUSTERMAN ist eine Ablösung des Geistes vom Körper unmöglich.

RÖTZER hingegen geht davon aus, daß eine Ablösbarkeit denkbar und möglich ist. MORAVEC geht noch einen Schritt weiter und sagt, sie sei zwingend erforderlich. Die Ablösungstheorie bei RÖTZER ist eine, die sich auf biologische Dimensionen bezieht. Es geht letztlich um eine Transformation der Biosphäre I in eine Biosphäre II. Und dazu gehört auch die Integration maschinenartiger Elemente in unseren Lebenszusammenhang. Er spricht über Brainchips, er spricht davon, unseren Geist auf Maschinen, also auf einer anderen Hardware laufen zu lassen, wobei er aber immer die biologischen Dimensionen hervorhebt und niemals daran denkt, diese auch noch zu überwinden. MORAVEC ist nun derjenige, der auch noch diesen Schritt ins Unmenschliche, also ins Anorganische vollzieht. Deshalb läßt sich seine Position als eine „technologische Position" bezeichnen. MORAVEC hat letztlich eine kulturelle Evolution des Geistes im Blick, die den natürlichen durch einen künstlichen Geist ersetzt. RÖTZERS Position hingegen bezeichnen wir als „Biotechnologie". RÖTZER hat eher eine kulturelle Evolution des biologischen Lebens im Blick. Für SHUSTERMANS Position haben wir aus den oben genannten Gründen den Begriff „Biopragmatismus" gewählt.

Das erklärte Ziel unseres Forschungsvorhabens ist es, die beschriebenen gegensätzlichen Positionen im Sinne einer Konstrastierung von Verschiebung und Ablösung wieder zusammenzudenken. Formal soll das, dies klang schon an, durch eine integrale Theorie ermöglicht werden, die ihre Probleme als Bestandteile ihrer Funktion integrieren können muß. Hinweise darauf, wie diese Vermittlung inhaltlich aussehen könnte, erhoffen wir uns durch eine intensive Auseinandersetzung mit ADORNO und LYOTARD. Auf zwei weitere entscheidende Thesen unseres Forschungsprojektes muß noch hingewiesen werden.

SHUSTERMAN vollzieht bereits mit seiner These, geistige Vollzüge seien unlöslich an Körpererfahrungen gebunden, einen Übergang von der Medientheorie im engeren Sinne zur KI-Forschung im weitesten Sinne. Das Thema Virtualität verweist nämlich einerseits auf Wahrnehmung und Sehen (Hyperbilder) sowie auf Hypertexte und damit auf Schrift und Kommunikation. Wahrnehmung, Schrift und Kommunikation aber sind die entscheidenden Charakteristika des Paradigmas der Intersubjektivität. Andererseits aber ist Virtualität als virtuelle Realität mit der Frage verknüpft, ob eine ontologische Autonomie dieser virtuellen Realität möglich ist. Diese Frage wiederum ist unseres Erachtens unlöslich mit der Frage verschränkt, ob der menschliche Geist bzw. das menschliche Bewußtsein autonom ablösbar vom leiblichen Körper ist (dies klang schon mehrfach an). Geist und Bewußtsein aber sind die entscheidenden Charakteristika des Paradigmas der Subjektivität.

Unsere weiteren Thesen lauten daher:
- So wie der Intersubjektivismus nicht das Subjekt überspringen kann, kann der Subjektivismus nicht die Intersubjektivität überspringen, ohne jeweils in Aporien zu münden.
- Das gleiche gilt für die konstruktive Gegenüberstellung von Medientheorie als Kommunikationstheorie und KI-Forschung als Philosophie des Geistes. Eine medientheoretische Kommunikationstheorie muß klären, wer oder was da miteinander kommuniziert, so wie eine Philosophie des Geistes klären muß, welches sprachlich-kommunikativ-historisch vermittelte kulturelle Erbe der Geist in sich trägt, um den Geist nicht vorschnell auf natürlich-biologische Erbinformationen zu reduzieren und in eine naturalistisch gewendete Philosophie des Geistes münden zu lassen, wie das heute in den Schriften des amerikanischen Philosophen SEARLE zu beobachten ist. Der Geist ist natürlich, jedoch wesentlich auch geschichtlich. Mit dieser These wollen wir SEARLE kritisieren und korrigieren.

Unsere angestrebte integrale Theorie wird daher einen Zwischenweg zu finden haben, der medientheoretische Aspekte und Aspekte der Philosophie des Geistes miteinander zu vermitteln hat.

5 Die Problematik des phänomenologischen Glaubens

Die Auseinandersetzung mit den Thesen von Quéau wies eine Lücke dahingehend auf, daß der Begriff des „phänomenologischen Glaubens" nicht genügend genau geklärt werden konnte. Hier bedarf es einer Ergänzung. Diese Ergänzung kann man unseres Erachtens in der Auseinandersetzung mit Texten von Dreyfus und Lyotard liefern, die in der Literaturliste dieser Arbeit zu finden sind. Das ist die eine Aufgabe, die in diesem Kapitel erfüllt werden soll. Die andere Aufgabe besteht darin, die latenten Voraussetzungen zu klären, die einer „integralen Theorie" in unserem Sinne zugrundeliegen.

Lyotards Auseinandersetzung mit Hegel und Husserl, die in seinem Buch über „Phänomenologie" zu finden ist, beginnt mit der Klärung des Begriffs der Phänomenologie. Lyotard verweist darauf, daß der Begriff schon eine längere Tradition hat und erstmalig von Hegel benutzt wurde in dessen Schrift „Phänomenologie des Geistes" von 1807. In diesem Werk findet sich eine bekannte Definition dieses Begriffs. Hegel versteht unter Phänomenologie die „Wissenschaft der Erfahrung des Bewußtseins". Das ist eine Auffassung, die in der Geschichte der Erkenntnistheorie eine ganz bestimmte Bedeutung hat. Diese besteht darin, daß Hegel mit dieser Auffassung versucht hat, den Streit zwischen Empirismus und Rationalismus zu überwinden. In diesem Streit geht es um die Entgegensetzung bzw. das Verhältnis von Ich und Gegenstand. Der Rationalismus vertritt hinsichtlich dieses Streits eine ganz bestimmte Auffassung. Er geht aus vom sich selbst setzenden Ich. Und dieses Ich wird als die Instanz betrachtet, von der ausgehend die Konstitution der gegenständlichen Welt zu denken ist. Die empiristische Auffassung besteht darin, daß in dem Verhältnis von Ich und Gegenstand eben nicht, wie im Rationalismus, vom Ich ausgegangen wird, sondern von der Erfahrung des Gegenstandes. Vom Gegenstand ausgehend versucht der Empirismus, das Verhältnis Ich und Gegenstand zu bestimmen. Ein Vertreter, der diesen Versuch unternommen hat, ist beispielsweise John Locke mit seiner Schrift „Untersuchung über den menschlichen Verstand".

Das philosophische Problem besteht nun darin, daß dieser Streit nicht aufgelöst werden kann, wenn man weiterhin so vorgeht, wie das im Empirismus-Rationalismus-Streit geschehen ist. Die Philosophie mußte also ganz anders ansetzen, und dieses ganz andere Ansetzen findet man dementsprechend in der Geschichte der Philosophie bzw. der Erkenntnistheorie. Erstens bei Kant, zweitens bei Hegel, drittens bei Husserl.

Sowohl bei HUSSERL als auch bei HEGEL besteht dieser Ansatz darin, Bewußtsein nie als isoliertes Bewußtsein, sondern immer als „Bewußtsein von etwas" zu fassen. Das ist ein Ansatz, der im Streit zwischen Ich und Gegenstand vermitteln und diesen Streit auch aufheben kann. Diese Vermittlung besteht darin, daß es sich in jenem Verhältnis um einen Inhalt handelt, der dabei ist, sich selbst zu erfassen. Der sich selbst erfassende Inhalt ist also genau die Instanz, die die Identität zwischen Ich und Gegenstand herstellt.

LYOTARD weist in seinem Werk zur Phänomenologie auch auf KANT hin. Er will zeigen, daß sowohl nach der Auffassung von HEGEL als auch von HUSSERL die von KANT vorgeschlagene Version des Überwindens des Streits zwischen Rationalisten und Empiristen auf einem Irrtum beruht. Der Irrtum besteht darin, daß KANT die Kategorien bzw. – ganz allgemein gesprochen – das Transzendentale als „originär" anerkannt hat, d. h. als originäre Formen des Denkens, die vor jedem Inhalt schon da sind und jedem möglichen Inhalt für die Erfahrung bestimmte Formen aufprägen. Dann erst kann ein Inhalt ein Inhalt für das erkennende Bewußtsein sein. KANT glaubt also tatsächlich, daß es etwas von den Gegenständen des Bewußtseins unabhängig vorgegebenes Originäres gibt, das er das Transzendentale nennt. Diese Auffassung wird sowohl von HEGEL als auch von HUSSERL angegriffen, obwohl der Begriff der Originarität bei HUSSERL auch positiv benutzt wird. Wie er diese Auffassung vertreten kann, wird noch zu zeigen sein. Worin aber besteht nun das Problem der Originarität bei KANT? HEGEL macht ja für sich geltend, dieses Problem überwunden zu haben. Was heißt überhaupt „Originarität"?

Eine erste Antwort kann lauten: Daß es etwas Unmittelbares, also etwas ohne Bewußtsein gibt. Das bestreitet HEGEL natürlich energisch. Denn für ihn gibt es nichts Unmittelbares oder keinen absoluten Beginn, sondern alles ist schon immer vermittelt. Das einzige, was man vielleicht überhaupt noch unmittelbar nennen könnte, wäre dann das Ergebnis all dieser Vermittlungen, weil es etwas Absolutes ist. Es gibt für HEGEL jedoch keinen absoluten Beginn. Der Beginn ist nämlich immer der Beginn eines Werdens, und dieser Beginn kann nicht unvermittelt sein, sondern steht in einem Vermittlungszusammenhang. Diese Auffassung macht im Grunde die HEGELsche Philosophie aus.

Das bei HEGEL Neue bezüglich der Ausgangssituation, also den entscheidenden Punkt im Streit zwischen Empiristen und Rationalisten, besteht darin, daß das Verhältnis zwischen Ich und Gegenstand ein Verhältnis ist, das nicht mehr ausschließlich in den Kontext einer Erkenntnistheorie fällt. Es geht hier um eine Konstitutionsproblematik und deshalb auch um die Frage, wo anzufangen ist. Diese Problematik wird in dem Sinne erweitert, als gezeigt wird, daß die Kategorien „Beginn" und „Ende" nicht als einfache Gegebenheiten betrachtet werden können, sondern daß es zwischen dem Beginn und dem Ende eine Entwicklung, einen geschichtlichen Prozeß gibt. Die erkenntnistheoretische Problematik wird also quasi „geschichtsphilosophisch" erweitert. Es gibt eine „Entwicklung" vom Anfang zum Ende. Das ist entscheidend, wenn wir an die HEGELsche Philosophie denken. Diese Entwicklung vom Anfang zum Ende ist als ein „Vermittlungszusammenhang" zu betrachten. Allerdings müssen wir mit HEGEL unterscheiden zwischen dem „absoluten" Ende nach dem „dialektischen Sprung" und dem jeweils „relativen" Ende im dialektischen Vermittlungsprozeß selbst, welches zugleich Synthese als auch neuer Anfang im Sinne einer neuen These im Fortgang dieses Prozesses ist.

Diese Entwicklung ist aber nicht eine Kreisbewegung, sondern eher im Sinne der Form einer Spirale zu beschreiben. Das Ende ist ein Anfang auf höherer Ebene, nicht auf der selben Ebene. Natürlich mündet der dialektische Entwicklungsprozeß in der Quelle, aber diese Mündung darf nicht auf der selben Ebene angeordnet werden. Es ist nicht so, daß wir eine Bewegung vollziehen, die auf derselben Ebene zum Ausgangspunkt zurückführt, sondern wir vollziehen eine Bewegung, die auf einer höheren Ebene zum Ausgangspunkt zurückkommt. Das ist das Entscheidende dieser Version der Dialektik. Es ist also keine einfache Kreisbewegung, sondern eine spiralförmige Bewegung. Insofern können wir den Anfang und das Ende nicht einfach gleichsetzen, sondern wir müssen ganz deutlich unterscheiden zwischen dem Anfang und dem Ende, das sich auf einer höheren Ebene befindet. Das Ende ist insofern auch qualitativ etwas ganz anderes: nämlich etwas Absolutes. Dagegen ist der Anfang nicht etwas, was absolut ist, sondern ein Element in dem dialektischen Prozeß, der durch die Geschichte sicher auf das Ende zu steuert.

Es gibt für HEGEL hierbei nichts Unmittelbares: Alles ist abgeleitet; zumindest dann, wenn wir den Prozeß im Vollzug betrachten. Das gilt aber nicht mehr, wenn wir auf das Ergebnis oder das Resultat dieses Prozesses blicken. Das Endergebnis oder Gesamtergebnis nämlich gehört nicht mehr in den Vermittlungszusammenhang. Der Vermittlungszusammenhang erstellt zwar das Ergebnis. Das Ergebnis unterscheidet sich aber qualitativ von seinem eigenen Erzeugungsprozeß und muß daher auf einer anderen Ebene angeordnet werden. Wir müssen also unterscheiden zwischen den Ableitungen und dem System der Ableitungen, also zwischen dem Ergebnis und dem Erzeugungsprozeß dieses Ergebnisses, die sich auf zwei unterschiedlichen Ebenen befinden. Der Erzeugungsprozeß muß als Vermittlungszusammenhang gedacht werden, und das Ergebnis dieses dialektischen Vermittlungszusammenhangs muß als etwas angesehen werden, das sich qualitativ davon unterscheidet und insofern als etwas Unmittelbares zu betrachten ist. Es stellt sich hier natürlich die Frage, aus welchem Grunde das so ist.

Das Ergebnis wird bei HEGEL als ein absolutes Wissen beschrieben. Was aber ist das Absolute? Und was ist das Nicht-Absolute? Alles, was nicht absolut ist, ist relativ, steht in Ableitungs- und Vermittlungszusammenhängen. Das, was dadurch als Resultat erzeugt wird, das Absolute, zeichnet sich nun dadurch aus, daß es nicht relativ ist, nicht mehr vermittelt ist. Das Absolute ist qua Voraussetzung nicht relativ, obwohl es durch Relationen erstellt worden ist. Das ist denn auch das, was HEGEL den „dialektischen Sprung" nennt. Demnach ist also das Absolute zwar das Ergebnis eines umfassenden Vermittlungszusammenhanges, aber als Absolutes fällt es dann wieder aus jenem Vermittlungszusammenhang heraus, weil es in überhaupt keinem Vermittlungszusammenhang mehr stehen kann, weil es auf einer anderen, höheren Ebene eine neue Qualität erhält. Es handelt sich dabei, wie bereits gesagt wurde, nicht einfach um einen Kreisprozeß. Es geht nicht um einen Anfang, der gleichzeitig auch als Ende gedacht wird. Der Entwicklungsprozeß kommt nämlich auf einer höheren Stufe wieder auf seinen Ausgangspunkt zurück. So müssen wir Hegel verstehen. Wie müssen wir nun die Auffassung von HUSSERL einschätzen und davon unterscheiden?

HEGEL geht LYOTARD zufolge stets von einer zweifachen Annahme aus. Erstens ist das Sein immer schon Sinn oder Begriff. Das ist die Identifikation von Sein und Denken oder von Sein und Begriff. Die zweite Annahme lautet: Es gibt kein Ursprüngliches, das das Wissen begründen könnte. LYOTARD versucht nun herauszufinden, wo Berührungspunkte zwischen HEGEL und HUSSERL liegen und arbeitet heraus, daß auch für HUSSERLs Phänomenologie der erste Teil der beiden genannten Annahmen, nämlich: daß das Sein immer schon Sinn oder Begriff ist, akzeptiert wird. Aber eben auf eine ganz besondere Weise, also nicht genauso wie bei HEGEL, sondern für HUSSERL ist das, was man Objekt nennt, immer schon durch einen Niederschlag von Bedeutungen konstituiert.

Dieser „Niederschlag von Bedeutungen" darf aber nicht im Sinne KANTS verstanden werden. Es handelt sich dabei nicht um apriorische Bedingungen, weil der Verstand selbst sich schon auf Erfahrung gründet. Der Verstand ist also ein Ergebnis von Erfahrung oder wird durch Erfahrung konstituiert. Deshalb kann es sich nicht um apriorische Bedingungen handeln, wie es bei KANT der Fall ist. Bei KANT ist der Verstand eine setzende Instanz. Und diese setzende Instanz setzt eine Schicht, die der Erfahrung vorausgeht. Das wird bei HUSSERL anders gesehen.

Was die zweite Annahme HEGELs betrifft, daß es kein Ursprüngliches gibt, das das Wissen begründet, wird von HUSSERL ebenfalls anders verstanden. HUSSERL geht sehr wohl von etwas quasi-Ursprünglichem aus. Er nimmt nämlich eine „erste Gewißheit" an. Und diese erste Gewißheit ist bei ihm der Glaube an eine Wirklichkeit, der Glaube daran, daß es Sein gibt. Das ist eine unerschütterliche erste Gewißheit. Alle angewendeten Urteile und Kategorien müssen diese erste Gewißheit voraussetzen. Das ist es auch, was mit dem Begriff des „phänomenologischen Glaubens" gemeint ist.

Dieser phänomenologische Glaube ist ein vorprädikativer Glaube, der der Ursprung allen Wissens ist. Wissen ist immer ein prädikativer Akt und drückt sich aus in Sätzen. Wissen läßt sich ausschließlich in Sätzen ausdrücken, in denen etwas prädiziert wird. Wenn wir davon ausgehen, daß es eine vorprädikative Ebene gibt, die konstitutiv auf die prädikativen Akte einwirkt, dann stellt sich natürlich die Frage: Wie haben wir eine Kenntnis davon? Warum wissen wir darüber? Und das ist die Frage, die HUSSERL auch immer wieder gestellt und vorgeworfen wird. Diese Frage muß man natürlich beantworten können. Und daher stellt sie LYOTARD nochmals ausdrücklich. Bei HUSSERL wird man eine Antwort vergebens suchen. Er war davon ausgegangen, daß eine erste Gewißheit unbedingt angenommen werden muß, nämlich der Glaube an eine vorprädikative Wirklichkeit. Das heißt, es gibt Sein. An dieses Sein glauben wir immer schon, wenn wir Aussagen über das Sein machen. Was für eine Konsequenz hat das nun für HEGEL? Was würde es für HEGEL bedeuten, wenn es etwas Originäres gäbe?

Das Absolute würde seinen Status verlieren. Das heißt, das Absolute kann nicht mehr etwas Gewordenes sein, das dann auf einer höheren Ebene unabhängig von seinem Gewordensein ist, nämlich weil es dann noch etwas Vorgängiges, d. h. das Sein als Ursprüngliches gibt. Oder noch radikaler formuliert: Das Ganze wäre als Ganzes nicht mehr herstellbar. Das sieht auch LYOTARD so: Die „Aneignung des Ganzen der Wirklichkeit" wäre unmöglich, wenn es so etwas wie eine vorprädikative, eine originäre Schicht gäbe. Das Vorprädikative, das Ursprüngliche bliebe sozusagen außerhalb des Systems. Es kann jedoch für HEGEL kein „Außen" des Systems geben.

Die Annahme einer vorprädikativen, originären Schicht würde also die HEGELsche Konzeption ganz arg in Bedrängnis bringen. Wir müssen uns nochmals eines klar machen im Verhältnis HUSSERL zu HEGEL. Für HEGEL bezieht sich das Vermittelte bzw. die Vermittlung auf den Prozeß der Herstellung eines Resultats, also auf das Werdende. Das Unmittelbare ist das Resultat. Bei HUSSERL ist das umgekehrt. Das Unmittelbare bezieht sich auf eine Schicht, eine Ebene, die den Vermittlungsprozeß erst in Gang setzt. Das läuft natürlich darauf hinaus, daß dieser Vermittlungsprozeß sozusagen gar nicht mehr an ein Ende kommt. HEGEL dagegen geht eigentlich vom Ende aus, d. h. das erreichte Ende ist eigentlich der Ausgangspunkt der Philosophie. Bei HUSSERL ist der Anfang immer der Ausgangspunkt seiner Philosophie. Und dieser Ausgangspunkt kann gar nicht mehr verlassen werden. Insofern haben wir es bei HUSSERL zu tun mit einem ewigen Anfangen. Ein immer erneutes Anfangen macht sozusagen die ganze Phänomenologie von HUSSERL aus. HEGEL glaubt im Gegensatz dazu, daß die Philosophie oder der Philosoph das Ende schon erreicht hat und sich jetzt daran macht zu rekonstruieren, wie es zu diesem Ende gekommen ist.

Die Originarität ist unsagbar oder sie muß unsagbar sein. Die Frage ist, wie können wir dann von dieser vorrationalen Schicht überhaupt etwas wissen, wenn sie nicht durch das rationale Denken selbst thematisiert werden kann. Woher wissen wir von dem Glauben an das Vorrationale? Wer thematisiert diesen Glauben an das Vorrationale? Es geht ja darum, daß das Wissen beeinflußt ist von einer Gegebenheit, die HUSSERL den Glauben nennt. Aber das Wissen ist nicht in der

Lage, diesen Glauben sprachlich zu erfassen. Das Problem besteht also darin, daß das Originäre etwas ist, was sozusagen vor der Deskription liegt. Wenn wir versuchen, das Originäre in einer Deskription zu fassen, dann ist dieses Originäre nicht mehr originär. Das ist das Problem. Die Frage, die sich daraus ergibt, ist also folgende: Woher wissen wir denn überhaupt von dieser Originarität?

Eine erste Antwort könnte heißen: Wir können sie nur aus unserem Wissen über unser Unwissen ableiten. Ein ähnliches Problem hatte sich auch Freud gestellt: Das Unbewußte ist qua Voraussetzung etwas, was jenseits der Bewußtheit liegt. Woher wissen wir als bewußte Wesen eigentlich davon, daß es dieses Unbewußte gibt? Es muß doch irgendeine Verbindung geben. Diese Verbindung gilt es herauszuarbeiten.

Lyotard bemüht sich zu zeigen, welchen Stellenwert die Originarität in der Philosophie Husserls hat. Er macht das deutlich an einem Vergleich mit der Hegelschen Philosophie. Auf diese würde sich die Annahme einer Originarität verheerend auswirken, sie würde sozusagen die Aneignung des Ganzen verunmöglichen. Bei Husserl darf der Anfang eben nicht, wie bei Hegel, ein Element im Vermittlungszusammenhang sein. Der Anfang ist bei Hegel ein Element im Vermittlungszusammenhang, der in einem dialektischen Entwicklungsprozeß zur Totalität, zur Absolutheit führt.

Bei Hegel ist der Anfang nicht etwas, wovon wir uns absetzen und der dem Entwicklungsprozeß äußerlich bleibt, sondern er ist der erste Schritt in einer Entwicklung und somit kein Sprungbrett und kein Ursprüngliches. Bei Husserl ist der Anfang etwas, wovon wir uns absetzen, etwas, was nicht selbst Element in dem in Gang gesetzten Entwicklungsprozeß wird, sondern diesem Entwicklungsprozeß äußerlich bleibt.

Man könnte also sagen, daß bei Hegel der Anfang sozusagen der erste Schritt ist, dem dann die nächsten Schritte folgen. Er wäre demnach das erste Glied in der Vermittlungs-Kette. Bei Husserl dagegen wäre er der Punkt, von dem aus wir sozusagen einen Sprung auf eine Kette von Ereignissen und Gegebenheiten machen. Hier ist der Anfang außerhalb der Kette und dieser Kette vorgängig. Das erzeugt natürlich Probleme, denn dieser Anfang muß als etwas aufgefaßt werden, was sich durch Unsagbarkeit auszeichnet.

Das lehnt Hegel natürlich ab, weil es für ihn nichts Transzendentes gibt, sondern nur Immanentes. Ein „ontologisches Schweigen" über den Anfang würde er strikt ablehnen. Deswegen auch hat Hegel die Transzendenz des Kantschen „Ding an sich" abgelehnt, weil es letztlich für ihn das Produkt einer Verstandesphilosophie ist, die immer Erscheinungen als Erscheinungen von etwas Verborgenem auffaßt. Das „Ding an sich" wäre etwas Verborgenes in der Transzendenz, und das Dasein der Gegenstände wäre dann die Erscheinung dieses Verborgenen.

An diesem Punkt der Diskussion stellt sich fast zwangsläufig die Frage, ob für HEGEL die Wirklichkeit so ist, wie man sie sieht. In gewisser Weise muß man diese Frage bejahen, wenn man sich vorher in Erinnerung ruft, was HEGEL unter „Wirklichkeit" versteht. Er hat einmal gesagt, das Wirkliche sei das Vernünftige und das Vernünftige sei das Wirkliche. Es gibt bei HEGEL also nicht eine Aufteilung des Vernünftigen und des Wirklichen in zwei Welten, wie bei KANT beispielsweise. Sondern das ist etwas, was unmittelbar zusammengehört. Denn HEGELS Grundgedanke lautete: Die Wirklichkeit ist im Kern vernünftig. Es gibt zwar für ihn unvernünftige, kontingente, zufällige Oberflächenphänomene der Wirklichkeit. Aber in der Wirklichkeit ist ein vernünftiger Kern, der aber immanent ist. Es bedarf daher keiner Transzendenz, um diesen vernünftigen Kern zu definieren. Es ist ein immanenter vernünftiger Kern in der Wirklichkeit. Deswegen braucht HEGEL keine Transzendenz eines wie auch immer gearteten „An-sich-Seins".

Wie aber steht es mit HUSSERL? Er ist jemand, der diese Transzendenz gegen HEGELS Auffassung wieder aufnehmen muß. Aber er kann sich natürlich nicht erlauben, damit wieder in die KANTsche Philosophie zurückzufallen, sondern er muß eine andere Version von Transzendenz entwickeln. Und das tut er auch. Wie sieht jetzt diese Konzeption von Transzendenz bei HUSSERL aus? LYOTARD sagt, daß diese Transzendenz etwas ist, was zwar immer vorausgesetzt werden muß von jedem Diskurs oder von jedem Wissen, aber gleichzeitig immer auch verfehlt wird. Diese Transzendenz kann also nicht angeeignet werden, sie kann nicht festgestellt werden. Das ist die Paradoxie, mit der dieser Transzendenz-Begriff bei HUSSERL verbunden bleibt.

An dieser Stelle ist die Frage zu beantworten, was HEGEL überhaupt unter dem „Absoluten" versteht. Zu diesem Zweck sollte noch einmal daran erinnert werden, daß er versucht, die erkenntnistheoretische Problematik, die sich im Streit von Empirismus und Rationalismus herausgebildet hat, zu lösen, indem er diese erkenntnistheoretische Problematik geschichtsphilosophisch weiterdenkt. Diese geschichtsphilosophische Fortsetzung besteht darin, daß zwischen einem Anfang und einem Ende ein Entwicklungs- und Herstellungsprozeß gedacht wird. Das Ende ist etwas, was als Resultat gedacht wird und dieses Resultat ist erzeugt worden in einem dialektisch verlaufenen Geschichtsprozeß. Die Pointe besteht darin, daß das Resultat dieses Geschichtsprozesses sich nun gegen diesen Erzeugungsprozeß verselbständigt. Das macht letztlich den Begriff der Absolutheit aus. Wir hatten gesagt, daß wir den Erzeugungsprozeß als einen Vermittlungsprozeß zu denken haben. Dieser Vermittlungsprozeß wiederum erzeugt etwas, was selbst nicht mehr Bestandteil dieser Vermittlung sein kann, sondern qualitativ über diesen Erzeugungsprozeß hinausgeht. Der Vermittlungsprozeß selbst zeichnet sich aus durch Relativität. Alles steht in einem Vermittlungszusammenhang. Alles ist irgendwie aufeinander bezogen oder wird aufeinander bezogen gedacht. Alles ist sozusagen abgeleitet, alles ist relativ. Das Ergebnis dieses Vermittlungsprozesses aber stellt etwas dar, was selbst nicht mehr vermittelt ist, sondern sich darüber erhebt. Das genau macht den Sinn des Begriffs des „Absoluten" aus. Wir haben es mit einem Gegensatz von „relativ" und „absolut" zu tun. Das, was absolut ist, kann nicht mehr relativ sein. Das Absolute ist das Nicht-Relative und das Relative ist das Nicht-Absolute. Diese Sicht markiert eine Grenze zwischen dem Werden und dem Ergebnis dieses Werdens. Die Grenze dazwischen ist nicht aufhebbar.

Die Frage ist auch, ob dadurch das Relative zeitlich und das Absolute zeitlos ist. Natürlich spricht HEGEL über die Ableitungen, über den dialektischen Vermittlungsprozeß und über den Erzeugungsprozeß des Ganzen als Geschichte. Das Ende, also das Resultat des Ganzen, wird als Ende der Geschichte bezeichnet. Es geht um das Verhältnis zwischen Zeit und Nicht-Zeit, wobei Zeit und Nicht-Zeit sich natürlich gegenseitig ausschließen. Und es geht damit um das Verhältnis von Geschichte und Nicht-Geschichte. Der Terminus „Ende der Geschichte" spielt eine große Rolle bei HEGEL; es bezieht sich auf das, was durch die Geschichte hergestellt worden ist und sich eben deshalb nicht mehr selbst durch Geschichtlichkeit auszeichnen kann. Deshalb muß es eine Grenze geben zwischen dem Absoluten und dem Relativen, das zu diesem Absoluten geführt hat. Denn das Absolute wird in dem Moment, in dem es aus dem Relativen entstanden ist, etwas, das nicht mehr relativ sein kann.

Um die Tragweite und Bedeutung der HEGELschen Konzeption des „Absoluten" für unser Forschungsprojekt ermessen zu können, müssen wir auf die Problematik des Denkens der Grenze hinweisen, die sich LYOTARD zufolge durch den „Tod der Sonne" ergibt. Denn die Frage, unter welchen Bedingungen diese Grenze gedacht werden kann, ist gleichzusetzen mit der Frage, wie das Denken diesen Tod überleben kann. HEGELS Reflexion der Grenze zwischen dem Werden und dem Absoluten könnte dafür das Modell abgeben.

6   Ansätze einer integralen Theorie

Ein entscheidender Text für unserer Forschungsvorhaben ist LYOTARDS Aufsatz „Ob man ohne Körper denken kann". Dieser Aufsatz beginnt seine Überlegungen mit dem zunächst überraschenden Hinweis darauf, daß die Sonne sich in der Zeit befindet. Die Sonne ist demnach keine Erscheinung, die immer da ist, und auf die wir uns immer werden verlassen können, weil auch sie älter wird. Die Sonne gibt es seit vier bis fünf Milliarden Jahren und sie wird nach Berechnungen von Physikern noch ungefähr weitere vier bis fünf Milliarden Jahre existieren. Dann, so die Hypothese der Naturwissenschaftler, wird sie explodieren. Damit ist die Endlichkeit und Vergänglichkeit des Ganzen angesprochen. Wir haben es hier mit gewaltigen Dimensionen zu tun, Dimensionen, die jedes menschliche Sein um ein Vielfaches übersteigen. Aber dennoch ist diese Dimension für die menschliche Existenz, den menschlichen Geist, das menschliche Leben, das Sein von entscheidender Bedeutung. LYOTARD fragt sich nun: Was ist das für eine Art von Ende, die mit dem Tod der Sonne zusammengedacht werden muß? Was ist das Besondere an diesem Tod? Denn der Tod der Sonne läßt sich mit dem uns wohlbekannten individuellen Tod nicht vergleichen. Nach dem Tod der Sonne wird es kein Denken mehr geben. Das Denken wird nicht mehr wissen können, daß der Tod sich ereignet hat. Natürlich wird es nach dem individuellen Tod kein Denken dieses Individuums mehr geben. Denn das einzelne Individuum kann seinen eigenen Tod nicht denken. Nur die anderen Individuen können den Tod des verstorbenen Individuums denken. Und genau dies ist nach dem Tod der Sonne nicht mehr möglich, weil keiner mehr da ist, der dieses Ereignis noch denken könnte. Das Ende läßt sich mit dem Begriff der Grenze vergleichen. Eine Grenze denken heißt, daß wir auf beiden Seiten dieser Grenze stehen können. Denn eine Grenze ist eine Gegebenheit, die zwei Seiten voneinander trennt. Und die Grenze denken zu können setzt voraus, daß wir auf beiden Seiten dieser Grenze stehen können. Das aber können wir, wenn wir an den Tod der Sonne denken, auf jeden Fall nicht mehr. Das ist der Unterschied zwischen dem individuellen Tod innerhalb der Menschheit und dem überindividuellen Tod der Sonne.

Sicherlich ist die Frage nach dem Sinn einer solchen Spekulation berechtigt. Dieser Sinn ergibt sich erst dann, wenn man in kosmologischen Maßstäben denkt. Das hiermit angesprochene Problem besteht in der Frage nach Orientierung. Es geht um die Perspektive. Menschen brauchen zur Orientierung immer eine Perspektive. Diese haben sie in der Vergangenheit von der Metaphysik und von der Religion erhalten. Jetzt aber kann man versuchen, etwas ganz Neues aufzubauen, etwas nicht Religiöses und etwas nicht im traditionellen Sinne Metaphysisches. Man muß sich allerdings fragen, ob ein solcher Versuch nicht wieder auf eine Metaphysik zurückfällt und was für eine Art von Metaphysik das dann ist. Eins scheint aber gewiß: Das, was dann entwickelt wird, kann nicht einfach in den Rahmen der traditionellen Religion und der traditionellen Metaphysik fallen. Was LYOTARD versucht, ist eine Orientierung auszumachen, eine Orientierung nicht für ein individuelles Leben, sondern eine Orientierung für die Menschheit. Diese Problematik ist auch bei KANT immer wieder diskutiert worden. Er spricht von einem Endzweck der Menschheit und beantwortet diese Frage theologisch-metaphysisch. Es gilt nun, diese Frage nach dem Endzweck der Menschheit in einen anderen Horizont zu stellen und eine spezifische Position auszubauen, die mit der klassischen Metaphysik und Religion nicht zusammenfällt.

Für LYOTARD ist diese Frage, was nach dem Tod der Sonne mit dem Denken geschieht, die einzige wirklich ernste Frage, die den Menschen in der heutigen Zeit aufgegeben ist. Alle anderen Fragen verblassen gegenüber der Tatsache, daß der Vorrat an Unendlichkeit, den die Philosophen bei ihrem Fragen immer unterstellen und von dem sie zehren, mit dem Tod der Sonne verbraucht sein wird. Denn dann gibt es keine Fragen mehr, die man stellen kann, weil es keinen mehr gibt, der fragen kann.

Der Tod der Sonne als Grenze ist etwas, was zugleich sich zeigt und entzieht. In dieser Paradoxie liegt die Schwierigkeit für unser Denken. Diese Paradoxie zeigt sich uns deshalb, weil wir den Tod der Sonne vorausberechnen können. Die Physiker können genaue Aussagen über die Masse der Sonne und über das Stadium des Verbrennungsprozesses machen. Und da dies bekannt ist, kann man ganz genau ausrechnen, wie lange die Sonne noch brennt. Diesen vorausberechneten Tod der Sonne kann man aber nicht als absolute Vernichtung betrachten. Es handelt sich nämlich nur um einen Wandel im Zustand der Materie selbst. Diese Verwandlung schafft also nicht die Materie ab, sondern nur die Welt des Geistes auf der Erde. Jedes menschliche Wesen wird nach dem Tod der Sonne zusammen mit der Erde verbrannt, also nicht mehr da sein. Die „Urerde", von der noch HUSSERL in seiner Phänomenologie ausgegangen ist, existiert dann nicht mehr. Der menschliche Tod gehört zum Leben des menschlichen Geistes, während der Tod der Sonne den Tod und das Denken unaufhebbar voneinander trennt. Das heißt, wenn sich der Tod der Sonne ereignet hat, dann gibt es kein Denken mehr. Es wird dann nur ein momentaner Zustand der Energie gewesen sein. In Anspielung auf eine NIETZSCHE-Formulierung wird das Dasein für LYOTARD nur der Augenblick einer bestimmten Ordnung, ein Lächeln der Materie in einem abgelegenen Winkel des Kosmos, Opfer eines kurzlebigen Ordnungszustandes gewesen sein. Die Konsequenz dieses Ereignisses läßt sich mit der gegen HEGEL gerichteten Wendung „Negation ohne Rest" umschreiben. Es gibt dann keine Möglichkeit irgendeiner Synthese mehr. Denn diese Negation, die sich ereignen wird, ist eine solche, auf der man nichts mehr aufbauen kann. Bei HEGEL ist die Negation immer etwas, worauf Neues aufgebaut werden kann. Der individuelle, der menschliche

Tod ist eine Negation im HEGELschen Sinne. Der Tod der Sonne hingegen ist eine andere Negation. So etwas wie einen HEGELschen „absoluten Geist" oder „Weltgeist" kann es dann nicht mehr geben.

Es geht aber nicht darum, diese Vernichtung zu akzeptieren, sondern im Gegenteil als Herausforderung anzunehmen. Wenn wir das tun, dann ergibt sich eine Aufgabe, und diese Aufgabe müssen wir LYOTARD zufolge als die wichtigste Aufgabe für die Philosophie bezeichnen. Diese Aufgabe besteht darin, nun nicht auf die Diesseitigkeit zu blicken, weil die Jenseitigkeit nicht gedacht werden kann. Sondern als Philosoph muß man das, was sich als Problem erweist, gerade in den Vordergrund stellen. Die Aufgabe also besteht darin, sich die Bedingungen des Lebens so vorzustellen, daß das Denken möglich bleibt – und dies gerade trotz der Katastrophe.

Mit LYOTARD läßt sich nun eine Verbindung zwischen dieser Aufgabe und der wissenschaftlich-technologischen Forschung beobachten. Diese Verbindung besteht in der Behauptung, daß der wirkliche und eigentliche Sinn aller Forschung immer schon darin bestand und noch besteht, das Denken nach dem Tod der Sonne zu ermöglichen. Dieser latente Sinn der Forschung wird aber nicht unbedingt immer erkannt. Zudem lenken sogenannte Nahziele vom wirklichen Sinn der Forschung ab. Diese Nahziele liegen meistens in der Dimension der zeitlichen Existenz des Menschen. Es sind Ziele wie Gesundheit, Produktion, Kommunikation usw., also das Wohl der Menschheit. Es gibt aber ein Ziel, das darüber hinausgeht. Und das besteht darin, das Denken nach dem Tod der Sonne zu ermöglichen. Es ist ein inhumanes Ziel, das zudem in einem wesentlichen Zusammenhang mit der Technik steht. Es stellt sich nun die Frage, welcher Zusammenhang zwischen der Technik und der Möglichkeit des reflektierenden Denkens besteht. Was soll hier unter Technik verstanden werden?

Technik ist für LYOTARD jedes bestehende System, das Informationen identifizieren, speichern und bearbeiten kann, und zwar nicht irgendwelche Informationen, sondern die Informationen, die für das Überleben des Systems wichtig sind. Jedes System ist in eine bestimmte Umwelt eingebettet. Auch der Mensch ist als Mensch ein System. Auch die Natur des Menschen ist von einem solchen technischen Gebilde letztlich nicht verschieden. Das heißt im Klartext, auch der Mensch ist ein technisches Gebilde, und zwar insofern, als auch er die zu seinem Überleben notwendigen Informationen identifizieren, speichern und bearbeiten kann. Das einzige, was den Menschen besonders auszeichnet, ist, daß er mit einem Symbolsystem ausgestattet ist, das sowohl in seiner Semantik als auch in seiner Syntax arbiträr, also willkürlich und nicht naturgegeben, also nicht völlig durch die Natur determiniert ist. Der Mensch ist relativ frei gegenüber seiner unmittelbaren Umwelt, im Gegensatz zu den anderen Tieren, die durch ihren Instinktapparat unaufhebbar in ihre Umwelt eingebunden sind. Vor allen Dingen ist dieses Symbolsystem rekursiv, d. h. es kann nicht nur die für das System lebensnotwendigen

Informationen berücksichtigen und verarbeiten, sondern es kann sich auf sich selbst zurückbeugen und sich selbst als Information verarbeiten. Schließlich kann es im Zuge dieses Prozesses neue Verarbeitungsregeln entwickeln.

Auf der Basis dieses Beschreibungsmodells kann man den Körper nun als eine Hardware interpretieren. Das Denken, das im Medium der Sprache stattfindet, ist dann die Software, die auf dieser Hardware läuft. Damit aber rückt die menschliche Existenz in eine unmittelbare Nähe zur Computertechnologie. Damit ist die Brücke zur Künstlichen Intelligenz (KI) geschlagen. Sowohl Sprache als auch Denken sind dann im Sinne von Software zu verstehen. Diese Software aber muß in Abhängigkeit vom Zustand ihrer Hardware beschrieben werden. Aber dieser Zusammenhang muß sich unweigerlich bei der Sonnenexplosion verzehren. Und deshalb ist die sozusagen unbewußte Ausrichtung des technowissenschaftlichen Komplexes insgesamt darin zu sehen, für diese Software eine Hardware zu entwickeln, die nicht mehr von den Lebensbedingungen auf der Erde abhängig ist. Es geht also im Grunde genommen darum, ein Denken ohne Körper zu ermöglichen. Denn nur mit einem solchen Denken sind wir in der Lage, die Explosion zu überleben und denken zu können. Denken ohne Körper kann also heißen: Denken ohne menschlichen Körper, aber selbstverständlich nicht ohne irgendeine Hardware. Das Denken wird demnach immer auf eine Hardware angewiesen sein. Die Lösung, um die es hier im Prinzip zu gehen hat, ist relativ einfach. Es geht letztlich darum, eine Hardware herzustellen, die das menschliche Denken, den menschlichen Geist als Software tragen kann. Diese Hardware muß so beschaffen sein, daß sie die Sonnenexplosion überdauern kann.

Hier beginnt das eigentliche Gedankenexperiment LYOTARDS, das wir für unser Forschungsvorhaben mutatis mutandis fruchtbar machen wollen. Zur Erinnerung: Es geht darum, ein Geist-Körper-Wesen zu denken, das nicht mehr von den Lebensbedingungen auf der Erde abhängig ist. Was heißt das nun für den Körper? Was für den Geist? LYOTARD führt uns bewußt in eine paradoxe Situation. Einmal sieht es so aus, als ob er eine materialistische Theorie vertritt, eine Theorie, die wir z. B. auch bei FREUD oder in der Evolutionstheorie von DARWIN und in anderen Theorien finden können. Dann bringt er wieder Argumente, die in die völlig entgegengesetzte Richtung weisen. Insbesondere ein Satz steht im Widerspruch zu dem, was er an anderer Stelle über die Geschlechtlichkeit des Körpers und über den Geist, der mit diesem Körper in Abhängigkeit steht, gesagt hat. Zitat LYOTARD: „Ich teile die Meinung, daß es die ‚Intelligenz ohne Körper', in deren Herstellung alle Bemühungen konvergieren, erlauben wird, die Herausforderung anzunehmen, welche in der jeglicher Komplexifizierung entgegengerichteten Entropie-Flut liegt (in der bevorstehenden Sonnenexplosion)." Nach unserer Auffassung vertritt dieser Satz eine These, die mit der These der Unabtrennbarkeit des Geistes vom Körper nicht zusammengedacht werden kann. Dieses These lautet: „Der menschliche Körper in seiner Materialität steht der Abtrennbarkeit dieser Intelligenz, der Möglichkeit ihres kosmischen Exils – und folglich ihrem Überleben – entgegen."

Das ist ein bewußt produzierter Widerstreit. Einmal wird die Möglichkeit eines kosmischen Exils für die Intelligenz, und zum anderen die Unmöglichkeit eines solchen Exils behauptet. Das ist eine Paradoxie, ein deutlicher Widerstreit der Argumente. Die Frage ist, was dieser Widerstreit soll. Es macht nun gerade die Strategie, die Methode dieses Denkens aus, immer wieder solche paradoxen Situationen zu konstruieren, ohne daß dies als Schwäche dieses Denkens identifiziert werden darf. Eine Paradoxie aber muß einen ganz bestimmten Gewinn erbringen, um sinnvoll zu sein. Es wäre absurd, auf dem Niveau einer Paradoxie stehenzubleiben. Auch SHUSTERMAN hatte uns gezeigt, daß mit einer Paradoxie ein Gewinn zu erzielen ist. Es geht für LYOTARD darum, etwas, das nicht möglich ist, letztlich doch zu ermöglichen. Um ein solches Gedankenexperiment genauer zu fassen, müssen wir uns mit dem Begriff des reflektierenden Denkens auseinandersetzen, den LYOTARD im Anschluß an KANTS Begriff der reflektierenden Urteilskraft entwickelt hat, und mit den entsprechenden Äquivalenten, die sich in der HUSSERLschen Phänomenologie dazu finden.

Das bestimmende Denken besteht darin, daß es über eine bereits gegebene Regel verfügt, die es auf die gegebenen Daten anwenden und diese damit als etwas identifizieren kann. Das Denken des bestimmenden Denkens ist Denken nach einer Regel. Dagegen ist reflektierendes Denken ein Denken, das ohne Regel beginnt. Es verfügt zwar über bestimmte Daten und vermag auch irgend etwas zu sehen oder abzutasten, aber es verfügt eben noch nicht über eine Regel, mit der es Daten identifizieren könnte. Es beginnt also in Unkenntnis einer Regel, um danach erst die Regel dieses Denkens zu bestimmen. Unserer Auffassung nach, die wir im übrigen mit LYOTARD und mit DREYFUS teilen, ist ein solches Denken einem Computer heute qua Voraussetzung nicht möglich. Es geht nämlich darum, einen Denkprozeß in Gang zu setzen, der sicherlich nicht ohne Regel ist, der aber in Unkenntnis einer Regel begonnen wird mit dem Ziel, die Regel, nach der gedacht worden ist, nachträglich zu bestimmen. Das ist reflektierendes Denken im Unterschied zum bestimmenden Denken. Logisches Denken ist immer bestimmendes Denken, und das, was sowohl von DREYFUS als auch von LYOTARD „Intuition" genannt wird, ist reflektierendes Denken. Reflektierendes Denken ist ein Denken dessen, was gedacht worden sein wird. Diese Zeitform, das Futur II, also eine vorweggenommene Zukunft, ist die Zeitform der reflektierenden Urteilskraft oder des reflektierenden Denkens. Unsere Auffassung – und diese Auffassung teilen wir mit DREYFUS und LYOTARD – besteht darin, daß das künstliche Denken und die KI heute über eine solche Zeitform nicht verfügen kann, in einer solchen Zeitform nicht gedacht werden kann.

Die Unterscheidung zwischen dem reflektierenden und dem bestimmenden Denken muß in erster Linie von KANT her gedacht werden. Dessen „Kritik der Urteilskraft" ist ein Beispiel für reflektierendes Denken. Es ist von KANT konzipiert worden, um eine Brücke zu schlagen zwischen den Bereichen, zwischen denen sich notwendigerweise eine Kluft ergeben hatte, nämlich zwischen den ausdifferenzierten Bereichen der reinen theoretischen und der reinen praktischen Vernunft. Unsere Hypothese lautet, daß das von KANT Gesagte entgegen der Meinung einiger Kritiker auch heute noch gilt, und daß wir heute kein Computerdenken, keine KI auf der Ebene des reflektierenden Denkens verorten können. Vielmehr müssen wir KI und künstliches Denken heute auf der Ebene des bestimmenden Denkens verorten. Nur wenn es gelänge, KI auf der Ebene des reflektierenden Denkens zu ermöglichen, hätten wir zumindest einen Teil des Problems gelöst, ein kosmisches Exil für das Denken vorzubereiten.

Der Begriff des reflektierenden Denkens muß noch in den Horizont einer weiteren, ungewöhnlichen Thematik gestellt werden, die wir so weder bei KANT noch bei HUSSERL vorfinden: Es geht um den Begriff des Leidens bzw. des Schmerzes. Dieser Schmerz ist aber nicht etwas von außen Kommendes, das sich dann dem Geiste einschreibt. Sondern dieser Schmerz ist das Denken selbst, nämlich in einer bestimmten Situation. Damit ist gemeint, daß das Denken sich dazu entschließt, unentschlossen zu sein. Es geht darum, einen Bereich zu verlassen, in dem die Logik sich bewegt und arbeitet, nämlich den Bereich des ohnehin Schon-Gegebenen. Um diesen Bereich zu verlassen, muß man sozusagen paradoxal vorgehen. Es geht darum, daß sich etwas einstellen soll oder einstellen wird, was eigentlich noch nicht einmal gedanklich vorweggenommen worden ist.

Es geht hier allerdings nicht um Heilserwartungen im religiösen Sinne, sondern um Erwartungen, die mit dem Reglement eines reflektierenden Denkens unmittelbar zusammenhängen. Es ist also nichts Mystisches, sondern etwas, was durchaus reflexiven Charakter hat. Wichtig ist, daß der Schmerz das Denken selbst ist. Außerdem ist das Leiden des Denkens ein Leiden an der Zeit. Der Zeitbegriff spielt also die entscheidende Rolle im reflektierenden Denken. Es gilt in unserem Forschungsvorhaben herauszuarbeiten, welche Funktion dieser Zeitbegriff zum einen bei LYOTARD hat und zum anderen für unsere angestrebte Problemlösung haben könnte. Zur Erinnerung: Wir sollen etwas machen, was gemacht worden sein wird. Es geht in diesem Zusammenhang darum zu zeigen, warum überhaupt gedacht oder überhaupt weiter gedacht wird. Es gibt eine ganz bestimmte Notwendigkeit, aus der heraus das weitere Denken geschieht. Das Denken fängt nicht voraussetzungslos an, sondern es setzt schon Ein-schreibungen voraus. Auf der Basis dieser schon gegebenen Einschreibungen kann das Denken zu weiteren Einschreibungen geführt werden. Die Totalität dieser bereits vollzogenen Einschreibungen könnte man Kultur nennen. Die Pointe scheint dann darin zu bestehen, daß wir nur deshalb denken, weil es in der Fülle dessen, was schon eingeschrieben ist, noch so etwas wie eine Leere gibt, und daß es darum geht, diese Leere mit neuen Einschreibungen zu füllen.

Hier stellt sich natürlich die Frage, warum wir diese Leere nicht akzeptieren, warum wir uns mit dem schon Erreichten, also mit den schon vorhandenen Einschreibungen nicht zufrieden geben. Die Notwendigkeit, diese Leere immer wieder zu füllen, ergibt sich daraus, daß das Nicht-Gedachte schmerzt. Die Leere des Nicht-Gedachten erzeugt einen Schmerz. Das Schon-Gedachte enthält diesen Schmerz nicht. Im Schon-Gedachten fühlen wir uns wohl, da haben wir diesen Schmerz nicht. Stets wird das Denken von der Hoffnung angetrieben, daß es uns am Ende besser geht bzw. besser gehen soll. Und zwar dann, wenn wir dieses Nicht-Gedachte in ein Gedachtes transformiert haben.

Nun zur letzten Voraussetzung dafür, das kosmische Exil zu realisieren. Diese betrifft den Körper und den Geschlechtsunterschied. Nun ist es müßig, sich zu fragen, ob der Geschlechtsunterschied ein ontologischer Unterschied ist oder nicht. Wir wollen den ontologischen Status des Geschlechtsunterschiedes deshalb nicht diskutieren, weil wir die metaphysische Dimension dieses Themas (der Mythos des ARISTOPHANES im Symposion) von uns weisen. Uns geht es in diesem Punkt weniger um eine ontologische Auseinandersetzung als vielmehr um eine phänomenologische Beschreibung. Was aber heißt das nun, daß es einen Geschlechtsunterschied gibt?

Es gibt nicht nur den realen und bewußten, sondern auch den unbewußten Körper. Beide Körper sind mit einem Mangel in sich selbst behaftet. Der Körper hat eine sichtbare und eine unsichtbare Seite, und die unsichtbare, d. h. unbewußte Seite des Körpers ist dem Geist entzogen. Das Resultat daraus ist: Der Geist kann nicht vollständig über den Körper verfügen, weil er nicht alle Seiten dieses Körpers fassen und zum Begriff erheben kann. Dies besagt, daß der Geist existentiell abhängig ist von seinem Körper. Es gibt Wirkungen, die vom Körper ausgehen, die sich einschreiben, ohne daß die Einschreibungen registriert werden und also kein Gedächtnis hinterlassen. Das Unbewußte konstituiert den Geist mit, ohne daß der Geist von dieser Konstituierungsarbeit etwas erfährt. Das aber bedeutet, daß der Geist sowohl keine vollständige Kontrolle über den Körper hat als auch keine vollständige Einsicht in seine eigenen Voraussetzungen. Dahinter steckt natürlich FREUDS Behauptung, daß das Ich nicht Herr im eigenen Hause ist, sondern daß es mitbestimmt ist durch fremde Kräfte. Auch bei FREUD sind das unbewußte Kräfte. Die Unvollkommenheit des Körpers hat demzufolge eine Analogie zur Unvollkommenheit des Geistes. Der Begriff Analogie spielt in diesem Zusammenhang nun die entscheidende Rolle. So spricht auch LYOTARD über die Fähigkeit zur Herstellung von Analogien. Diese Fähigkeit wird nicht nur dem Denken, sondern auch dem Körper zugesprochen. Beide verfügen über die Möglichkeit, in Analogien zu denken. Das Denken läßt sich nicht vom Körper absetzen, aber der Körper ist vom Denken abgesetzt. Der Körper ist ja ein geschlechtlicher Körper. Es gibt keinen ungeschlechtlichen Körper. Das wäre das Ding. Der menschliche Körper ist qua Voraussetzung ein geschlechtlicher Körper. So sagt beispielsweise LYOTARD wörtlich: „Das Denken läßt sich nicht vom phänomenologischen Körper absetzen. Aber der geschlechtliche Körper ist vom Denken abgesetzt und setzt es in Gang." Dieses Absetzen des Denkens vom Geschlecht und das In-Gang-Setzen des Denkens durch das Geschlecht soll in unserem Forschungsprojekt genau entfaltet werden, insbesondere deswegen, weil Lyotard ja konkret von uns fordert: „Auf die Unvermeidlichkeit dieses Unterschiedenseins müßt ihr das Denken für die Zeit nach dem Tod der Sonne vorbereiten."

Fassen wir zusammen: Es geht um die Entwicklung des Körpers und die Entwicklung des Denkens auf der Erde. Lyotard stellt die These auf, daß dieser Entwicklungsprozeß zielgerichtet ist. Er läuft auf einen Endpunkt zu. Dieser Prozeß enthält aber in sich schon die noch nicht reflektierte Aufgabe, diesen Endpunkt nicht zum absoluten Endpunkt werden zu lassen, sondern ihn als eine Möglichkeit der Überwindung zu nehmen. Diesen Gedanken müssen wir als zentrale heuristische Hypothese für unsere angestrebte Problemlösung inhaltlich umsetzen. Die Kontrastierung mit Sgalambros Buch „Vom Tod der Sonne" soll uns hierzu weitere entscheidende inhaltliche Anregungen liefern. Als Anhaltspunkt sei hier vorerst nur das Schlagwort „Kritik der Ursprungsphilosophie" genannt. Zudem sei der Hinweis auf den letzten Aphorismus in der Minima Moralia von Adorno gestattet.

7 Künstliche Intelligenz und reflektierendes Denken

Im Rahmen der Thematik des „künstlichen Denkens" hatten wir uns klargemacht, wie man kritische Einwände erheben kann gegen die künstliche Intelligenz. Lyotard zeigt das am Beispiel von Dreyfus, der auf die Debatte, die man von Putnam aus den 60er Jahren kennt, eingeht. In dieser Debatte ging es darum, Überlegungen anzustellen über die Ablösbarkeit des Körpers von der Seele bzw. vom Geist. Putnam hatte die These vertreten, daß grundsätzlich die Möglichkeit der Ablösung des Geistes vom Körper besteht. Dagegen hatte Dreyfus Einwände erhoben. Seine Kritik richtet sich gegen den Begriff bzw. den Zusammenhang der binären Logik in der KI. Dreyfus behauptet, daß das menschliche Denken nicht nur dieser binären Logik gehorcht, sondern daß es auch noch in den Zusammenhang einer ganz anderen Logik, eines ganz anderen Bereichs gehört, der eben nicht nach der binären Logik verfährt. In diesem Bereich gibt es ein Denken, das nicht in binären Oppositionen, sondern völlig anders denkt, und zwar mit Hilfe von intuitiven und hypothetischen Konstrukten, so Lyotards Rekonstruktion der Argumente von Dreyfus. Es gibt demnach einen Gegensatz zwischen dem Binären und der Intuition. Die dazwischen auszumachende Trennungslinie ist auch die Grenze zwischen künstlicher und menschlicher Intelligenz. Es gilt daher nochmals genauer zu fragen, worin das menschliche Denken im Unterschied zum künstlichen Denken besteht.

Lyotard führt im Anschluß an Dreyfus aus, daß das menschliche Denken ein Denken ist, das nicht immer nur zentriert, sondern auch „lateral" vollzogen wird. D. h. das menschliche Denken blendet die Nebensachen nie aus, sondern berücksichtigt diese immer auch. Das ist eine Eigenschaft, die dem künstlichen Denken Lyotard zufolge nicht zuzuschreiben ist. Natürlich muß man sich darüber im Klaren sein, daß diese Ausführungen von Lyotard auf dem Stand einer Technologie gemacht werden, der deutlich in die 80er und 90er Jahre fällt. Hier sind natürlich noch Änderungen möglich, die man heute überhaupt nicht abschätzen kann. Insofern können wir solche technischen Entwicklungen nur für diesen Zeitzusammenhang diskutieren. Lyotard macht also einen ganz grundsätzlichen Unterschied aus zwischen dem künstlichen und dem menschlichen Denken. Er sagt, daß das menschliche Denken sich sozusagen dadurch auszeichnet, daß es immer Horizonte abtastet. Dieser Ausdruck stammt von Husserl. In diesem Abtasten von Horizonten geht es um die Konstituierung eines noematischen Kerns. Damit ist eine nicht-begriffliche Gestalt gemeint, die intuitive Strukturen liefert. Es stellt sich nun aber die Frage, wofür diese intuitiven Strukturen stehen sollen oder können.

LYOTARD geht im Anschluß an und mit HUSSERLS Phänomenologie davon aus, daß das menschliche Denken nicht nur Daten sammelt, sondern auch eliminiert, und zwar ohne dabei über fixe Kriterien für diese Sammlung oder für diese Eliminierung zu verfügen. Das ist also eine eigene Art des Denkens, die sich nach der Auffassung von LYOTARD ganz deutlich vom sogenannten binären Denken unterscheidet. Er stellt somit eine Verbindung dieses Denkens mit der reflektierenden Urteilskraft her, die bereits von KANT konzipiert wurde. Auch die reflektierende Urteilskraft bei KANT zeichnet sich dadurch aus, daß es sich um ein Denken handelt, daß nicht bewußt durch Regeln gesteuert wird, aber diese Regeln im Nachhinein identifizieren kann. Es ist ein Denken, das nach Regeln verfährt, ohne diese Regeln zu kennen, um aber am Ende des Denkens diese Regeln in Erfahrung zu bringen. Die Regelidentifikation findet dabei immer erst nachträglich statt. Der Prozeß des Denkens verläuft sozusagen in Unkenntnis der Regel, nach der wirklich gedacht wird. Erst am Ende des Denkprozesses kann diese Regel identifiziert werden. Allerdings hängt die Möglichkeit des reflektierenden Denkens, die Regel des Denkens nachträglich zu identifizieren, natürlich auch ab vom Gelingen dieses Denkprozesses. Man kann nicht davon ausgehen, daß jedes Denken, das sozusagen in einer Dimension des Unbewußten verläuft, auch irgendwann zu Regeln kommen wird. Das ist nicht der Fall. Reflektierendes Denken ist ein Denken, das zwar nach Regeln abläuft, aber diesem Denken sind diese Regeln im Denkprozeß selbst nicht bekannt. Sie sind noch im Entstehen. Das ist eine ganz besondere Art des Denkens, die sich deutlich von einer anderen eigentümlichen Art des Denkens unterscheidet, nämlich vom bestimmenden Denken. Das bestimmende Denken hat mit dem binären Denken gewisse Übereinstimmungen, denn das bestimmende Denken ist ein Denken, das nach gegebenen Regeln verfährt.

Es geht stets um das Verhältnis von Gesetz und Fall, der zur Anwendung kommt. Das Gesetz ist beim bestimmenden Denken gegeben und der Fall, der gedacht bzw. reflektiert werden soll, wird nach diesen Gesetzen, die gegeben sind, sozusagen abgehandelt bzw. bedacht bzw. gedacht. Das reflektierende Denken ist im Gegensatz dazu ein Denken, das von einem ganz bestimmten Fall ausgeht und sich dann hin zu einem Gesetz entwickelt. Und dieser Entwicklungsprozeß von der Reflexion dieses Falls hin zum Gesetz des Denkens ist unbewußt und muß sich nicht immer durch eine Regel auszeichnen. Er zeichnet sich nur dann durch eine Regel aus, wenn dieser Reflexionsprozeß auch wirklich zu einem Gesetz führt. Das reflektierende Denken besteht nun darin, nachträglich dieses Gesetz auch zu reflektieren und dieses Gesetz nachträglich auch benennen zu können, das entwickelt worden ist auf dem Weg von der Kenntnisnahme eines Falls bis zur abschließenden Reflexion dieses Falls. Dieses Gesetz wird im Vollzug entwickelt, ist aber dennoch nicht bekannt auf dem Weg zum Gesetz. Beides gehört zusammen: der Denkprozeß nach einer unbewußten Regel und die Reflexion der Regel. Das insgesamt nennt man das reflektierende Denken im Unterschied zum bestimmenden Denken. Es ist von großer Wichtigkeit zu beachten, daß der Entwicklungsprozeß dieses Gesetzes bzw. dieser Regel sich nicht im Feld des Bewußtseins abspielt. Er befindet sich, so unsere Interpretation LYOTARDS, entweder im Unbewußten oder im Vorbewußten, auf jeden Fall nicht im Bewußten. Was im Bewußtsein geschieht, und zwar zu dem Zeitpunkt, den LYOTARD mit dem Ausdruck „Nachträglichkeit" benennt, ist der reflexive, der sich zurückwendende Blick auf die Regel, die nach Beendigung des Entwicklungsprozesses der Regel als Regel festgestellt wird. Allerdings gibt es sehr viele Denkprozesse, die sich in dieser Un- oder Vorbewußtheit abspielen. Aber das sind nicht immer Fälle reflektierenden Denkens. Sie werden erst dann zu einem Beispiel reflektierenden Denkens, wenn zusätzlich zu diesem Denkprozeß im Un- oder Vorbewußten der Denkvollzug in der Lage ist, die Regel reflexiv in den Blick zu nehmen. Denn Reflexion heißt letztlich Rückwendung. Es geht um die Rückwendung auf die Regel, nach der gedacht worden ist. Wobei aber nicht bewußt war, daß nach dieser Regel gedacht worden ist.

Das bestimmende Denken hat KANT vorrangig in der „Kritik der reinen Vernunft" entwickelt; es ist insbesondere auch das Denken des Naturwissenschaftlers. Es geht beim bestimmenden Denken in erster Linie um Naturerkenntnis, um Gegenstandserkenntnis. Das reflektierende Denken ist für KANT erforderlich geworden, weil es zwischen den Begriffen der Natur und der Freiheit nach seiner Meinung nicht unmittelbar einen Übergang gibt, sondern eher eine Kluft, die nicht ohne weiteres überbrückt werden kann. Gedacht war das reflektierende Denken aber nicht nur zur Überbrückung dieser Kluft, sondern auch, um darüber hinaus noch die Einheit von Natur und Freiheit zu denken. Ob KANT das gelungen ist, ist eine andere Frage, die später immer wieder behauptet und bestritten worden ist. Dennoch ist das Modell eines solchen Denkens immer noch interessant; insbesondere als Gegenpol zum bestimmenden, zum logischen Denken. An diesem Punkt der Auseinandersetzung wollen wir den Bogen noch einmal zurückschlagen zu HUSSERL.

Bei HUSSERL stellt sich die Situation noch etwas anders dar, weil bei ihm auch die wahrgenommene Welt in den Problemkreis mit hineingezogen wird. HUSSERL spricht deshalb über das „Feld des Denkens", über das „Feld des Sehens" und über ein „Hörfeld". Er benutzt den Feldbegriff, um uns zu zeigen, daß es keinen ontologischen Unterschied zwischen dem Denken und dem Körper gibt, sondern daß es eine ganz existenzielle und vielleicht auch ontologische Verknüpfung des Geistes und des Körpers gibt. Genau so, wie sich das Gesicht und das Gehör in einem Raum orientieren, orientiert sich auch der Geist in einem Raum. Das ist eine Auffassung, die MERLEAU-PONTY, über HUSSERL hinausgehend, weiterentwickelt hat. Dies war ihm möglich, weil er den Begriff der Analogie eingeführt hat und diesen Begriff in den Vordergrund rückt. Auch LYOTARD betont in diesem Zusammenhang, daß es eine Analogie zwischen dem Denken und dem Wahrnehmen gibt. Er sagt, daß das Verhältnis von Denken und Wahrnehmung analogisch und nicht logisch gedacht werden muß. Wir treffen also auf eine Unterscheidung, auf eine Trennung zwischen einem analogischen und einem digitalen Denken bzw. zwischen analogischen und digitalen Operationen im Denken. Diese Unterscheidung wiederholt das Problem der Unterscheidung zwischen künstlicher Intelligenz und natürlicher, menschlicher Intelligenz und zwischen künstlichem und menschlichem Denken.

Nach LYOTARD besteht die Möglichkeit, Operationen oder Sätze zu identifizieren und zu unterscheiden. Analoge Sätze oder analoge Operationen im Denken verfahren nach dem Schema „ebenso... wie...". Das ist das eine Beispiel. „Da... also..." wäre ein anderes Beispiel. Ein sehr kompliziertes Beispiel wäre „Da p zu q, also auch r zu s". Dies wären Beispiele für analogisches Denken. LYOTARD behauptet nun, daß digitale Operationen im Denken davon strikt unterschieden werden müssen. Er nennt auch die wesentlichen Typen für digitale Operationen: erstens „wenn... dann...", zweitens „p ist nicht Nicht-p". Das sind also unterschiedliche Typen operationalen Denkens. Diese lassen sich in Beziehung bringen sowohl mit der Unterscheidung zwischen dem bestimmenden und dem reflektierenden Denken als auch mit der strikten Trennung zwischen dem künstlichen und dem natürlich-menschlichen Denken.

Allerdings können wir LYOTARD zufolge das analoge und das digitale Denken nicht auf eine Stufe heben; es gibt nämlich einen Hierarchie-Unterschied: Das analoge Denken dominiert über das digitale Denken. Beispielsweise spricht er davon, daß die künstlichen Maschinen, die mit digitalen Operationen denken, sich im Vergleich zu menschlichen Gehirnen heute noch auf der Stufe von sogenannten Minderbemittelten befinden. Monique LINARD zitierend sagt er, daß die „Denkmaschinen" sich zu den menschlichen „Vorstellungsmaschinen" wie „geistig Minderbemittelte" verhalten. Dabei geht er natürlich vom heutigen Stand der Technologie aus.

Letztlich geht es LYOTARD darum zu zeigen, daß das reflektierende Denken die einzige Möglichkeit ist, das noch nicht Bekannte, das noch nicht Gedachte zu denken. Die These, die DREYFUS und weitere Computertheoretiker aufgestellt haben, besteht darin, daß das digitale Denken nur in der Lage ist, das schon Gedachte so perfekt und so schnell, wie kein menschliches Gehirn es jemals vermag, zu denken – mehr nicht. Nie kann man mit Hilfe digitaler Operationen im Denken das Neue, das noch nicht Gedachte, das Ungedachte denken. Nur mit dem analogen, also mit dem reflexiven Denken ist man in der Lage, das Ungedachte, das noch nicht Gedachte zu denken. Das ist die These. Die mögliche Gegenthese, ein Computer, z. B. in Gestalt eines Schachcomputers, könne völlig neue Dinge konstruieren, die sich vorher noch nie jemand ausgedacht habe, scheint unseres Erachtens zu kurz zu greifen.

Gegeben sei ein Anfangspunkt, aus dem heraus sich netzartige Verbindungsstrukturen mit beliebigen Endpunkten entwickeln. Es gibt stets viele andere Möglichkeiten der Verzweigung des digitalen Denkens, d. h. der Möglichkeit, in eine bestimmte Richtung weiterzudenken. Letztlich ergeben sich dabei Strukturen, die so kompliziert werden können, daß man sie mit einem menschlichen Gehirn nicht rekonstruieren könnte. Aber man ist prinzipiell in der Lage, jeden Endpunkt, den dieses Denken ansteuert, auf den Anfangspunkt zurückzuführen. Genau diese Möglichkeit des Zurückführens auf einen Ausgangspunkt ist beim reflektierenden Denken aber nicht möglich. Dies läuft auch darauf hinaus, daß man beim reflektierenden Denken die Intuition nicht erklären kann. Es gibt im digitalen bzw. im bestimmenden Denken keine Sprünge im Denken, sondern es gibt ein Netzwerk, das immer wieder auf den Ausgangspunkt zurückgeführt werden kann. Im Unterschied dazu zeichnet sich das intuitive Denken dadurch aus, daß Sprünge vollzogen werden, die es unmöglich machen, vom Ergebnis dieses Denkens wieder auf den Ausgangspunkt zurückzukommen.

Hiergegen läßt sich der Einwand vorbringen, es sei gar nicht immer notwendig, das Ergebnis auf den Ausgangspunkt zurückzuführen. Zudem könnten wir noch nicht wissen, ob nicht auch beim intuitiven Denken des Menschen genau solche Verknüpfungen stattfinden, wie beim digitalen bestimmenden Denken des Computers. Dies könne man doch nicht einfach strikt ablehnen. Außerdem sei das Wissen stets kontinuierlich gewachsen, d. h. man könne Intuitionen nicht zwangsläufig als Sprünge interpretieren. Diesem Einwand muß aber entgegengehalten werden, daß dabei ein wesentlicher Unterschied übersehen wird. Der Unterschied besteht darin, daß beim digitalen Denken das Ergebnis nicht in dem Sinne etwas Neues sein kann wie im reflektierenden Denken, bei dem die Möglichkeit der Rückführung des Ergebnisses auf den Ausgangspunkt nicht mehr gegeben ist, weil ein Sprung stattgefunden hat. Deshalb ist das eine andere Version des Neuen. Das ist der entscheidende Unterschied zwischen diesen beiden Typen des Denkens. Beim Computer ist jedes Ergebnis letztlich schon angelegt in seiner programmierten Struktur, in seinem Vorwissen. Denn das Problem besteht darin, daß der Computer sich nicht selbst transzendieren kann. Das aber kann das reflektierende Denken. Das reflektierende Denken transzendiert sich selbst im Denken. Diese Möglichkeit des Sich-Transzendierens ist dem Computer qua Voraussetzung nicht gegeben, weil er sich notwendigerweise in der Dimension des Logischen aufhalten muß. Die Intuition kommt also durch das Nicht-Logische über sich selbst hinaus. Die Intuition gehört also nicht in den Bereich der Logik.

Ein weiterer Einwand könnte die Metapher der „Sprünge" beim reflexiven Denken kritisieren. Das Wort „Sprung" besagt doch nicht mehr, als daß etwas nicht nachvollziehbar ist. Es wird von A nach B gesprungen, aber irgend etwas passiert doch während dieses Sprunges. Unser Unverständnis dieses Vorganges beruht nur auf unserer aktuellen Unkenntnis der neurologischen Basisvorgänge. Um diesem Einwand begegnen zu können, sollte an die Unterscheidung zwischen „bewußt" und „unbewußt" erinnert werden. LACAN z. B. sagt, das Unbewußte ist strukturiert wie eine Sprache oder als Sprache. Es zum Sprechen zu bringen, ist ein Problem der Übersetzung, denn es gehört zu einer anderen Sprache. Es ist eine Sprache, die sich interpretieren läßt, die sich übersetzen läßt, teilweise auch in unsere alltäglich gewohnte Sprache. Die Sprache des Unbewußten ist eine andere Sprache, die eine andere Grammatik hat. Und das ist es, worum es auch in unserem Problemzusammenhang geht. Es ist unbestreitbar, daß ein Schachcomputer Ergebnisse erzielen kann, die völlig aus dem Horizont menschlichen Denkvermögens herausfallen. Die Struktur des Computers läßt sich unendlich erweitern. Und es sind ihm unendlich viele Möglichkeiten von Zügen gegeben, die man als menschliches Bewußtsein gar nicht realisieren, wenn auch vielleicht noch nachvollziehen kann. Es geht LYOTARD um einen qualitativen Unterschied zwischen dem bestimmenden und dem reflektierenden Denken. Das bestimmende Denken funktioniert rein immanent. Es gibt hier keine Transzendenz. Es gibt nur einen bestimmten Ausgangspunkt und dann die reine Immanenz. D. h., das Neue beim digitalen Denken ist zwar insofern etwas Neues, als es quantitativ mehr ist als der Ausgangspunkt, aber es ist letztlich vollständig erklärbar aus dem Anfangspunkt und aus der immanenten Struktur. Das Neue des reflektierenden Denkens hingegen ist etwas aus der Transzendenz Hereinbrechendes und damit etwas qualitativ Neues. LYOTARD benutzt den Begriff „Transzendenz in der Immanenz". Diese Transzendenz ist beim digitalen bzw. bestimmenden Denken nicht möglich. Aber es gibt so etwas wie eine Transzendenz in der Immanenz. Und das ist der Sprung im Denken, den wir logisch niemals nachvollziehen können.

Literatur
die im Text diskutiert wird und weitere wichtige Titel zum Thema

1 Mediengesellschaft/Medientheorie

Berger, P. L. u. Luckmann, Th.: Die gesellschaftliche Konstruktion der Wirklichkeit. Eine Theorie der Wissenssoziologie, Frankfurt am Main 1995.

Krämer, S. (Hg.): Medien, Computer, Realität. Wirklichkeitsvorstellungen und Neue Medien, Frankfurt am Main 1998.

Luhmann, N.: Beobachtungen der Moderne, Opladen 1992.

Luhmann, N.: Die Realität der Massenmedien, Opladen 1996.

Schmidt, S. J.: Die Welten der Medien. Grundlagen und Perspektiven der Medienbeobachtung, Braunschweig/Wiesbaden 1996.

Schmidt, S. J.: Medien: Die Kopplung von Kommunikation und Kognition, in: S. Krämer (Hg.): Medien, Computer, Realität. Wirklichkeitsvorstellungen und Neue Medien, Frankfurt am Main 1998, S. 55-72.

Schmidt, S. J.: Modernisierung, Kontingenz, Medien: Hybride Beobachtungen, in: Vattimo, G. u. Welsch, W. (Hg.): Medien-Welten Wirklichkeiten, München 1998, S. 173-186.

Vattimo, G. u. Welsch, W. (Hg.): Medien-Welten Wirklichkeiten, München 1998.

2 Phänomenologie

Husserl, E.: Die Krisis der europäischen Wissenschaften und die transzendentale Phänomenologie, Den Haag 1962 (= Husserliana, Bd. VI).

Husserl, E.: Ideen zu einer reinen Phänomenologie und phänomenologischen Philosophie; 1. Buch, Den Haag 1950 (= Husserliana III bzw. Ideen I); 2. Buch, Den Haag 1952 (= Husserliana IV bzw. Ideen II).

Lyotard, J.-F.: Die Phänomenologie, Hamburg 1993.

Merleau-Ponty, M.: Das Auge und der Geist, Hamburg 1984.

Merleau-Ponty, M.: Die Struktur des Verhaltens, Berlin 1976.

Merleau-Ponty, M.: Phänomenologie der Wahrnehmung, Berlin 1966.

Münker, St.: Was heißt eigentlich: ‚virtuelle Realität'? Ein philosophischer Kommentar zum neuesten Versuch der Verdopplung der Welt, in: St. Münker, A. Roesler (Hg.): Mythos Internet, Frankfurt am Main 1997, S. 108-130.

Quéau, Ph.: Éloge de la simulation. De la vie des langages à la synthèse des images. Ed. Champ Vallon 1986.

Quéau, Ph.: Le Virtuel – Vertus et Vertiges. Ed. Champ Vallon 1993.

Quéau, Ph.: Die virtuelle Simulation: Illusion oder Allusion? Für eine Phänomenologie des Virtuellen, in: Iglhaut, Rötzer, Schweeger (Hg.): Illusion und Simulation. Begegnung mit der Realität, Ostfildern 1995, S. 61-70.

3   Ontologie/Analytische Philosophie des Geistes

Brüntrup, G.: Das Leib-Seele-Problem. Eine Einführung, Stuttgart 1996.

Carrier, M. und J. Mittelstraß: Geist, Gehirn, Verhalten, Berlin/New York 1989.

Danto, A. C.: Wege zur Welt. Grundbegriffe der Philosophie, München 1999.

Dennett, D.: Spielarten des Geistes, München 1999.

Dreyfus, H. L. und S. E. Dreyfus: Künstliche Intelligenz: Von den Grenzen der Denkmaschine und dem Wert der Intuition, Reinbek bei Hamburg 1987.

Eccles, J. C.: Die Evolution des Gehirns – die Erschaffung des Selbst, München 1989.

Frank, M. (Hg.): Analytische Theorien des Selbstbewußtseins, Frankfurt am Main 1994.

Guttenplan, S. (ed.): A Companion to the Philosophy of Mind, Oxford 1994.

Johnson-Laird, P.: Der Computer im Kopf. Formen und Verfahren der Erkenntnis, München 1996.

Kim, J.: Philosophie des Geistes, Berlin/Heidelberg 1998.

Krämer, S. (Hg.): Geist – Gehirn – künstliche Intelligenz. Zeitgenössische Modelle des Denkens, Berlin/New York 1994.

Metzinger, Th. (Hg.): Bewußtsein. Beiträge aus der Gegenwartsphilosophie, Paderborn 1995.

Moravec, H.: Mind children. Der Wettlauf zwischen menschlicher und künstlicher Intelligenz, Hamburg 1990.

Moravec, H.: Geist ohne Körper – Visionen von der reinen Intelligenz, in: G. Kaiser, D. Matejovski, J. Fedrowitz (Hg.): Kultur und Technik im 21. Jahrhundert, Frankfurt/New York 1993, S. 81ff.

Moravec, H.: Computer übernehmen die Macht. Vom Siegeszug der künstlichen Intelligenz., Hamburg 1999.

Münch, D. (Hg.): Kognitionswissenschaft, Frankfurt am Main 1992.

Oeser, E. und F. Seitelberger: Gehirn, Bewußtsein und Erkenntnis, Darmstadt 1995.

Putnam, H.: Minds and Machines, in: S. Hook (ed.) Dimensions of Mind. New York: Collier Books, S. 138-164.

Putnam, H.: The Mental Life of Some Machines, in: H.-N. Castaneda (ed.) Intentionality, Mind, and Perception. Detroit. Wiederabdruck in: Putnam, H.: Mind. Language, and Reality. Philosophical Papers, Vol. 2. Cambridge University Press, S. 408-428.

Rötzer, F. (Hg.): Digitaler Schein. Ästhetik der elektronischen Medien, Frankfurt am Main 1991.

Rötzer, F.: An der Schwelle zur digitalen Natur. Die Medientechnologien im Zusammenspiel mit Bio- und Neurotechnologien, in: Bollmann, St. (Hg.): Kursbuch neue Medien. Trends in Wirtschaft und Politik, Wissenschaft und Kultur, Mannheim 1996, S. 313-320.

Searle, J.: Minds, Brains, and Programs, in: Behavioral and Brain Sciences 3, 417-424. (Dt. in: Münch (1992), S. 225-252).

Searle, J.: Geist, Hirn und Wissenschaft, Frankfurt am Main 1986.

Searle, J.: Die Wiederentdeckung des Geistes, Frankfurt am Main 1996.

Seiffert, J.: Das Leib-Seele-Problem und die gegenwärtige philosophische Diskussion: eine systematisch-kritische Analyse, Darmstadt 1989.

von Randow, G.: Roboter. Unsere nächsten Verwandten, Reinbek bei Hamburg 1997.

Weizenbaum, J.: Die Macht der Computer und die Ohnmacht der Vernunft, Frankfurt am Main 1977.

Weizenbaum, J.: Wer erfindet die Computermythen? Der Fortschritt in den großen Irrtum, Freiburg im Breisgau 1993.

Zimmerli, W. Ch. und St. Wolf (Hg.): Künstliche Intelligenz. Philosophische Probleme, Stuttgart 1994.

Zoglauer, Th.: Geist und Gehirn, Göttingen 1998.

4   Integrale Theorie

Adorno, Th. W.: Minima Moralia. Reflexionen aus dem beschädigten Leben, Frankfurt am Main 1980.

Adorno, Th. W.: Negative Dialektik, Frankfurt am Main 1967.

Adorno, Th. W.: Zur Metakritik der Erkenntnistheorie. Studien über Husserl und die phänomenologischen Antinomien, Frankfurt am Main 1981.

Literatur

Burger, P.: Wittgensteinianismus oder Rationale Metaphysik? Zum Status von Aussagen über das Weltganze in der Kosmologie, in: U. J. Wenzel (Hg.): Vom Ersten und Letzten. Positionen der Metaphysik in der Gegenwartsphilosophie, Frankfurt am Main 1998, S. 177-202.

Dreyfus, H. L.: Die Grenzen künstlicher Intelligenz – Was Computer nicht können, Königstein/Ts. 1985.

Flusser, V.: Digitaler Schein, in: Florian Rötzer (Hg.): Digitaler Schein. Ästhetik der elektronischen Medien, Frankfurt am Main 1991, S. 202-215.

Hegel, G.W.F.: Phänomenologie des Geistes, Hamburg (Meiner) 1952.

Kant, I.: Erste Einleitung in die Kritik der Urteilskraft, Hamburg 1990.

Kant, I.: Kritik der praktischen Vernunft, Hamburg 1993.

Kant, I.: Kritik der reinen Vernunft, Hamburg 1993.

Kant, I.: Kritik der Urteilskraft, Hamburg 1993.

Kornwachs, K.: Bewußtsein braucht Körper, in: WechselWirkung, 21. Jg., Nr. 103/104, Juni/August 2000, S. 45-55.

Lyotard, J.-F.: Das Erhabene und die Avantgarde, in: ders.: Das Inhumane: Plaudereien über die Zeit, Wien 1989, S.159-188.

Lyotard, J.-F.: Der Augenblick, Newman, in: ders.: Das Inhumane: Plaudereien über die Zeit, Wien 1989, S.141-158.

Lyotard, J.-F.: Ob man ohne Körper denken kann, in: ders.: Das Inhumane: Plaudereien über die Zeit, Wien 1989, S. 23-50.

Lyotard, J.-F.: Der Enthusiasmus. Kants Kritik der Geschichte, Wien 1988.

Lyotard, J.-F.: Der Widerstreit, München 1989.

Rensch, B.: Das universale Weltbild, Frankfurt am Main 1977.

Ritter, J.: Hegel und die französische Revolution, in: ders.: Metaphysik und Politik. Studien zu Aristoteles und Hegel, Frankfurt am Main 1969, S. 183-233.

Ritter, J.: Subjektivität und industrielle Gesellschaft. Zu Hegels Theorie der Subjektivität, in: ders.: Subjektivität, Frankfurt am Main 1989, S. 11-35.

Sgalambro, M.: Vom Tod der Sonne, München 1988.

Shusterman, R.: Soma und Medien, in: Vattimo, G./Welsch, W. (Hg.): Medien-Welten Wirklichkeiten, München 1998, S. 113-126.

Tetens, H.: Geist, Gehirn, Maschine. Philosophische Versuche über ihren Zusammenhang, Stuttgart 1994.

Welsch, W.: Vernunft. Die zeitgenössische Vernunftkritik und das Konzept der transversalen Vernunft, Frankfurt am Main 1996.